ro
ro
ro

ro
ro
ro

Die schönsten Weihnachtsgeschichten am Kamin aus 20 Jahren

Gesammelt von Ursula Richter
und Wolf-Dieter Stubel

Rowohlt Taschenbuch Verlag

Originalausgabe
Veröffentlicht im Rowohlt Taschenbuch Verlag,
Reinbek bei Hamburg, November 2005

Entnommen aus «Weihnachtsgeschichten am Kamin» Band 1–20
Umschlaggestaltung any.way, Andreas Pufal
(Foto: photonica/Johner)
Satz ITC Garamond PostScript (InDesign)
bei Pinkuin Satz und Datentechnik, Berlin
Druck und Bindung Clausen & Bosse, Leck
Printed in Germany
ISBN 13: 978 3 499 24145 1
ISBN 10: 3 499 24145 5

Vorwort

Wenn man aus 20 Jahren Weihnachtsgeschichten am Kamin die schönsten Erlebnisse heraussuchen soll, steht man eigentlich vor einer fast unlösbaren Aufgabe, denn jede der bisher veröffentlichten Geschichten aus 20 Bänden wäre es wert gewesen, hier abgedruckt zu werden.

So mag denn diese Auswahl ein Anreiz sein, sich auch mit den anderen Bänden zu befassen. Interessanterweise kommen die Geschichten inzwischen nicht mehr nur aus dem Sendegebiet des NDR.

Zauberhafte Märchen sind dabei, Gedichte und auch Erinnerungen an Tage, die man vielleicht lieber aus dem Gedächtnis streichen möchte. Viele der Geschichten sind hervorragende Zeitdokumente, erzählen von Sitten und Gebräuchen und vor allem aber auch von Situationen, die typisch für gewisse Jahre sind. In teilweise beeindruckenden Schilderungen werden durch die Alltagserlebnisse unserer Autoren unsere eigenen Erinnerungen geweckt, an Entbehrungen während der Nachkriegszeit, an bescheidene Wunschzettel, an Kriegserlebnisse oder turbulente Heiligabende.

Vielleicht nehmen Sie dieses Buch zum Anlass, sich mit der Familie oder Freunden zusammenzusetzen und beim Vorlesen selbst zu erinnern, denn aus Erfahrung kommen auf diese Weise so interessante Gespräche zustande, die es lohnen, aufgeschrieben zu werden … und mit ein bisschen Glück wird Ihre Geschichte bereits in Band 21 veröffentlicht.

Eine fröhliche Adventszeit und ein frohes Fest
wünschen Ihnen
Ihre
Ursula Richter und *Wolf-Dieter Stubel*

Ihre Geschichte sollte bis zum 31. März 2006 bei uns eintreffen und möglichst nicht mehr als 5 Seiten (pro Seite 30 Zeilen à 60 Zeichen) lang sein.

Adresse:
Ursula Richter
Postfach 60 55 64
22250 Hamburg

Wir freuen uns über eingesandte Manuskripte, können jedoch weder für sie haften noch in jedem Fall Korrespondenz führen. Eine Rücksendung erfolgt nur auf ausdrücklichen Wunsch und wenn ein ausreichend frankierter Rückumschlag beigefügt ist. Andernfalls werden die Manuskripte für eine eventuelle spätere Veröffentlichung gesammelt, die allerdings nicht garantiert werden kann.

Christina Matz
Brief an meine Kinder

Liebe Kinder!

Nun haben wir also wieder Dezember.

Das mit dem Schnee war ja wohl nichts: Es begann so herrlich weiß und endete so plötzlich im Matsch.

Ich bin gleich auf den Boden geflitzt, um die Schlitten zu holen, da fing das Malheur schon an: Wir haben zwar zwei Schlitten, aber einen alten kleinen und einen großen neuen. Natürlich konntet ihr euch nur schlecht einigen - warum sollte auch einer nachgeben?

Bei den Gleitschuhen war es dann anders - von denen haben wir nur ein Paar - war auch nicht richtig.

Auf den eher spaßig gemeinten Vorschlag, Rollschuh zu laufen, davon haben wir inzwischen drei Paar, ging keiner von euch ein - nur ein recht vertrauter Finger ging Richtung Kopf. Aber ihr habt doch trotzdem prima draußen gespielt. Ich musste euch nachher noch tüchtig ziehen, und eine handfeste Schneeballschlacht haben wir auch gemacht.

Aber das ist ja nun vorbei, das mit der weißen Pracht. Dafür seid ihr beide zum Gitarrespielen und Singen gegangen. Ich habe in der Zwischenzeit zu Hause auf euch gewartet, Alexanders Hosen ausgebessert und Vanessas Pulli zu Ende gestrickt. Ihr kamt frisch und fröhlich mit neuen Eindrücken nach Hause, und wir haben gemütlich beim Kerzenschein Kaffee getrunken. Da habe ich euch gefragt - na, wisst ihr's noch? -, was an Weihnachten eigentlich los sei. Ihr redetet von Geschenken, sagtet: «Ich wünsche mir ...», aber das, was ich hören wollte, kam nicht.

Dabei ist es mir ganz selbstverständlich, das Weihnachtsfest und die ganze Adventsfeier mit der Geburt von Gottes Sohn zu verbinden. Ich habe euch doch oft genug davon erzählt, auch aus der Kinderbibel vorgelesen.

Aber scheinbar ist mal wieder nicht viel hängen geblieben. Dann wollte ich euch, auch zum wiederholten Mal, erzählen, wie gut es euch geht – und dass ihr doch alles habt.

Und dann fiel mir ein, diesen Brief zu schreiben. Um euch zu zeigen, dass es auch etwas anderes gibt außer «Das ist mein, und das ist dein», dass man auch helfen sollte, dass man bescheidener werden müsste, bei dem Gedanken an all die Kinder, denen es nicht so gut geht, die nicht einen einzigen Schlitten haben und sich freuen würden, ein Paar Gleitschuhe mit den Geschwistern zu teilen. Ich möchte euch dazu bringen, an die Kinder zu denken, die kein so schönes Zuhause haben und keine Mutter, die sich so viel Zeit nimmt. Auch wenn sie mal ab und zu ihre Ruhe haben will. Aber die braucht sie auch – bei euch zwei Rabauken!

In Liebe, eure Mutter

PS: Papa lässt schön grüßen.

Er hat beschlossen, dass wir ‹Alten› uns nichts schenken, uns stattdessen über die frisch gestrichenen Wände freuen – ist mir auch nicht ganz recht!

Kurt Brinkmann

Eine Decke, Machorka und ein Fetzen Zeitungspapier

November 1946. Ich war gerade 21 und seit mehr als zwei Jahren Kriegsgefangener in einem Lager der westlichen Sowjetunion. Vor ein paar Monaten hatte mich die sowjetische Lagerleitung mit einigen anderen ehemaligen Soldaten in das Gefängnis nach Minsk überstellt. Nach russischem Sprachgebrauch waren wir nun Eingeschlossene. Wir spürten zum ersten Mal die Macht der Sieger.

Mit mir teilte ein junger Bayer, der Huber Karl, kaum älter als ich, Schicksal und Zelle. Letztere war ein Raum von zirka zwei mal sechs Metern in Breite und Länge. Darin befanden sich ein zweistöckiges Eisenbett mit einem derben Holzbelag, zwei Emaillebecher und ein Trinkwasserbehälter aus dem gleichen Material. - In der vorderen Ecke - gleich neben der Zellentür - als Latrinenersatz der unvermeidbare Kübel; damals das typischste Inventar so mancher Gefängniszelle. Die Außenwand wurde in etwa zwei Meter Höhe von einem unverglasten Fensterloch unterbrochen, das mit daumenstarken Eisenstäben vergittert war. An den feuchten Wänden der Zelle klebte der Frost. Nahe der Fensternische blühten unzählige Eiskristalle, die im grellen Licht der ständig eingeschalteten Zellenbeleuchtung einen matten Glanz verbreiteten.

Unser Tag hatte seinen festen Ablauf. Nach dem morgendlichen Toilettengang wurde die tägliche Brotration zugeteilt. 550 Gramm Brot - nasses, klitschiges, schwarzes, wenig schmackhaftes Brot - und doch täglich das größte Geschenk, das uns zuteil wurde. Das war die Zeit der Brotverehrung. Brot, das bedeutete Leben und Überleben. «Unser täglich Brot gib uns heute» wurde nie wahrer empfunden als in jenen Tagen. – Zum Brot gab es regelmäßig abgekochtes, heißes Wasser. Es wurde nicht nur getrunken, sondern diente auch in dem angefüllten Behälter eine Zeit lang als Wärmespender.

Der weitere Tagesverlauf lässt sich einfach darstellen: mittags eine volle Schüssel Ballanda, wie die dünn-wässerige Suppe von den Russen im Sträflingsjargon genannt wurde. Bei Einbruch der Dunkelheit 500 Gramm «Produktesuppe», aus Hirse, Hafer, Gerste, gelegentlich auch Graupen.

An manchen Tagen wurde uns ein Spaziergang erlaubt. Auf einem stets gleichen Weg führte uns ein Bewacher aus der Zelle durch den Gefängnisbau sozusagen in eine Freilichtzelle, in der wir uns unter freiem Himmel, aber doch von vier Wänden eingeschlossen, bewegen durften. Das dauerte wohl an die 20 Minuten. Darüber hinaus gab es täglich zwei Zählungen, eine früh morgens und eine am Abend.

Nachts schliefen wir – der Karl und ich – gemeinsam auf der nackten Pritsche des oberen Bettes. Zugedeckt mit dem abgetragenen Soldatenmantel eines Rotarmisten und einer alten Wehrmachtszeltbahn. Wir wärmten uns gegenseitig, waren darauf bedacht, die Wärme unserer Körper möglichst lange unter der schützenden Abdeckung zu halten. Wenn der Morgen kam, kroch uns die Kälte in die Knochen, sie machte unsere Glieder steif und unbeweglich.

Das war unser Leben seit Monaten. So gingen wir – die Eingeschlossenen – in die Adventwochen des Jahres 1946. Wir warteten in des Wortes wahrer Bedeutung. Dabei war uns der Gedanke an die Brotportion des kommenden Morgens gewiss näher als die Erwartung der nahen Weihnacht. Und dennoch, ich hatte mit dem spitzen Teil einer Steingutscherbe einen Strichkalender in das verblichene Grün der Zellenwand geritzt. Für den Dezember immer sieben senkrechte Striche in einer Reihe. Das viermal untereinander und noch drei Striche bis zum Jahresschluss. Der erste Strich einer Reihe war jeweils ein Sonntag. An den vier Dezembersonntagen vor dem 24. war Advent. Am ersten Sonntag ritzte ich mit meiner Scherbe das Abbild einer brennenden Kerze an die Wand. Dazu einen Tannenzweig. Das wiederholte ich an jedem folgenden Sonntag. So entstand ein Weihnachtsbild, einfach und naiv; aber es weckte Erinnerungen in uns, führte unsere Gedanken in die ferne Heimat, in die Zeit der Kindheit, der wir kaum entwachsen waren, in ein Leben friedlicher Geborgenheit.

Es war ein Abend in der letzten Vorweihnachtswoche, als völlig unerwartet und überraschend die Zellentür geöffnet wurde und mein Kamerad, der Karl – mit sämtlichen Sachen, wie es hieß –, aus der Zelle geholt wurde. Es reichte gerade noch zu einem «Mach's gut»; dann wurde die Tür geschlossen, der Schlüssel gedreht und abgezogen. Über den lang gezogenen Flur des Zellentraktes verhallten die Schritte, wurden leiser, waren nicht mehr zu hören. – Ich war allein!

Die erste Nacht in Einzelhaft verbrachte ich – ohne rechten Schlaf – frierend, war doch mit dem Huber Karl auch dessen Militärmantel mit aus der Zelle gegangen. – Nach der morgendlichen Brot- und Heißwasserzuteilung erwärmte ich mich an dem Getränk. Danach verkroch ich mich unter meinem Soldatenrock und der mir verbliebenen Zeltplane. Immer wenn ich die Kälte in den Gliedern spürte, versuchte ich, mich durch schlagende Armbewegungen zu erwärmen. Ich lief auch durch die sechs Meter lange Zelle. Immer 700 Doppelschritte zählte ich als einen Kilometer. So legte ich in diesen vorweihnachtlichen Tagen auf engstem Raum zig Kilometer zurück. Manchmal täglich mehr als 20 – bis an die Grenze meiner Leistungsmöglichkeit. Dabei vergingen Zeit und Kälte.

Inzwischen hatte ich eine vierte Kerze an die Wand geritzt, täglich auf ein Stückchen Brot verzichtet, es gesammelt, um am Weihnachtsabend mit dem so Ersparten ein zeitgemäßes Festmahl zu begehen. Ich wollte einfach an diesem Abend nicht hungrig sein.

So ging der Tag an, für den ich an der 24. Stelle meines Wandkalenders einen besonders dicken Strich geritzt hatte. Die Stunden verliefen wie üblich in öder Eintönigkeit. Nichts – außer meiner naiven Wandzeichnung – erinnerte an die Weihnacht. Winterliche Kälte drang von der Fensternische her unaufhaltsam in die Zelle.

Schnell hatte ich meine Abendsuppe heruntergelöffelt, um die Wärme der Flüssigkeit zu speichern. Einen Kanten Brot dazu gegessen. Der Hunger war gestillt; ein seltenes Wohlbehagen an diesem Heiligen Abend des Jahres 1946. Ich war ohne Hunger. – Aber just in diesem Augenblick überkam mich das Gefühl rettungsloser Verloren- und Verlassenheit, unendlicher Einsamkeit. Heimweh kam über mich wie nie zuvor. Mich befiel tiefe Traurigkeit, wie sie wohl den trifft, der sein eigenes Begräbnis vorzubereiten hat. Ich saß wie erstarrt auf meiner Pritsche, war so sehr in Gedanken versunken, dass ich nicht bemerkt hatte, wie die Tür meiner Zelle geöffnet wurde. Als ich aufblickte, stand in der Tür eine kleine, weiß gekleidete Frau. In ihrem mitleidvollen Blick war ein zaghaftes Lächeln. Ich traute meinen Augen nicht. Sollte es ausgerechnet in der

Sowjetunion Engel geben? Mir war bisher niemals einer begegnet. Und doch, die Frau im Türrahmen hatte etwas Engelhaftes an sich. Sie sagte nur: «Na, nimm, Friitz!», und reichte mir dabei eine zusammengerollte Decke. Noch ehe ich so recht mein russisches Spaßiba - danke - stammeln konnte, war die Tür schon wieder verschlossen. In meinen Händen hielt ich eine dicke Decke. Sie roch nach Pferd und Heu und Stall. Das Wunder jener Nacht vollendete sich für mich, als ich die Pferdedecke ausrollte und darin einen zusammengeknüllten Fetzen Zeitungspapier bemerkte. Bei näherem Hinsehen fand ich darin einige Fingerspitzen von jenem Stängeltabak, den die Russen Machorka nennen. Dabei drei Streichhölzer und die abgerissene Reibefläche einer Streichholzschachtel.

Bleibt noch zu berichten, dass ich mich in die Pferdedecke einhüllte und eine mit Zeitungspapier handgedrehte Machorka-Zigarette rauchte. Genüsslich zog ich den Rauch in mich hinein. Der Tabak betäubte meine Sinne. Ich fiel in einen tiefen Schlaf, der mir in dieser Stunde zur Gnade wurde.

Übrigens, seit jener Heiligen Nacht 1946 glaube ich, dass es Engel gibt. Überall auf der Erde!

Hans G. Kuehling
Weihnachten in Kanada

Als wir Ende November 1951 nach sieben Tagen See – auf einem ehemaligen «Liberty»-Dampfer und fünf Tagen Bahnreise in der Kolonisten-Klasse – endlich in Vancouver, Provinz British Columbia, am Pazifik gelegen, landeten, war der Himmel verhangen.

Wir waren junge Auswanderer mit umgerechnet 120 Deutschmark gleich 30 kanadischen Dollar (mehr durfte man damals nicht mitnehmen), einem Koffer und einer Aktentasche in Bremerhaven zum großen Abenteuer Kanada gestartet. Nicht wirtschaftliche Notwendigkeit, sondern Neugierde auf Nordamerika, das gelobte Land, das uns nach dem Krieg Care-Pakete, Swing, bunte Schlipse und den «American Way of Life» beschert hatte, waren ausschlaggebend gewesen. Sicherlich, die meisten von uns wollten in die Vereinigten Staaten. Doch um dahin zu gelangen, waren Bürgen und lange Wartezeiten erforderlich. Kanada jedoch machte es uns leichter. Man musste gesund sein und einen guten Leumund haben, aber vor allen Dingen bereit sein, jedwede Arbeit anzunehmen.

Unser Geld hatten wir auf der Reise für Zigaretten, Wein usw. ausgegeben und waren jetzt pleite. Die kanadische Einwanderungsbehörde hatte die Kosten für die Überfahrt vorgelegt und uns im Immigration Building, nicht weit vom Bahnhof und am Hafen gelegen, untergebracht. Dort bekamen wir auch Verpflegung. Nur Arbeit konnte man uns nicht vermitteln.

So begaben wir uns – zwei Freunde aus Hannover und

ich – auf die Suche. Die beiden hatten Glück und landeten einen Job als Hilfsarbeiter bei der Canadian-Pacific-Eisenbahn. Sie mussten am selben Tag noch los, und erst Jahre später trafen wir uns durch Zufall wieder.

Ich wanderte Tag für Tag durch die Straßen, bis ich im Schaufenster einer Bürobedarfshandlung ein Schild mit der Aufschrift «delivery boy wanted» bemerkte, mich sofort bewarb, angenommen wurde (Wochenlohn 13 Dollar) und am nächsten Tag mit Fahrrad und Stadtplan bewaffnet meine Auslieferungen begann. Die Kollegen waren freundlich und hilfsbereit. Der Packer lud mich ein paar Tage später zum Dinner bei sich zu Hause ein. Hier lernte ich zum ersten Mal die herzliche kanadische Gastfreundschaft kennen.

Inzwischen hatte ich auch ein Zimmer – eher einen Verschlag – im Keller eines baufälligen Häuschens im Westend der Stadt gefunden und stand nun auf eigenen Füßen. Ich hatte immerhin zehn Dollar in der Woche für Essen und Trinken und brauchte weder zu hungern noch zu frieren.

Doch Weihnachten stand kurz vor der Tür, und Vancouver hatte sich festlich geschmückt. In den Schaufenstern der Warenhäuser hatte man mit großem und mir damals noch gänzlich ungewohntem Aufwand Weihnachtsmärchen dekoriert – vor denen sich die kleinen Kanadier ihre Nasen platt drückten. Weihnachtliche Musik erklang von überall her. Besonders die schönen englischen Christmas Carols hatten es mir angetan.

Auch in unserer Abteilung gab es am Nachmittag des 24ten eine kleine Party. Ich war ganz erstaunt, dass an diesem doch eher besinnlichen Tag, wohl zur Einstimmung, eine ganze Menge Whisky getrunken wurde.

Den Heiligen Abend verbrachte ich im «White Lunch»,

einer Selbstbedienungsrestaurantkette, bei einer Tasse Kaffee und einem Doughnut (Art Berliner Pfannkuchen), wo ich dann Briefe von Eltern und Freundin aus der Heimat las und mir ziemlich verlassen vorkam.

Am ersten Weihnachtstag hatte mich der Geschäftsinhaber zum Christmas Dinner mit seiner Familie eingeladen. Ich war sehr beeindruckt von dem großen und mir luxuriös erscheinenden Haus. Doch man machte es mir leicht, meine Befangenheit zu überwinden. In meinem holperigen Englisch versuchte ich, den zahlreichen Mitgliedern der Familie unsere deutschen Weihnachtsbräuche zu schildern.

Und ich lernte, dass man in Kanada anders feiert. So verbringt man den Abend des 24ten mit Freunden. Der Weihnachtsbaum, mit elektrischen Kerzen und vielen kleinen Gegenständen geschmückt, wird schon Tage vor dem Fest aufgebaut, und darunter liegen die schön verpackten Geschenke, die allerdings erst am Morgen des 25ten - nachdem Santa Claus mit seinem von sieben Rentieren gezogenen Schlitten in der Nacht seinen Besuch abgestattet hat - geöffnet werden dürfen. Zum traditionellen Truthahnessen am ersten Feiertag findet sich dann die ganze Verwandtschaft ein, und es wird fröhlich gefeiert.

O ja, auch ich wurde mit einem Geschenk bedacht. Ein gebrauchtes, aber noch gut funktionierendes Radio, welches mir die Einsamkeit der ersten Wochen zu überwinden half und sehr nützlich war, meine englischen Sprachkenntnisse zu erweitern und mir den nordamerikanischen Dialekt näher zu bringen. Ich war in Kanada - es gefiel mir hier, ich mochte die Menschen und wusste, dass aller Anfang schwierig ist. Ich hatte die Zuversicht, meinen Weg zu machen. Heute kann ich sagen, dass sich meine Hoffnungen erfüllt haben.

J. Birka
Ein Weihnachtswunsch

Drei Tage vor Weihnachten. In allen Ecken knisterte und raschelte es. Päckchen wurden liebevoll verpackt.

Oma und Opa meinten, sie wollten sich von dieser Hektik nicht anstecken lassen, obwohl sie am selben Ort wohnen wie ihre Kinder und die vier Enkelkinder. Die Eltern wollten noch Einkäufe erledigen, wobei sie ihre Sprösslinge ganz und gar nicht gebrauchen konnten. Also wurden sie für einige Stunden in die Obhut der Großeltern gebracht. Oma wurde gefragt: «Mutti, brauchst du noch etwas aus der Stadt?», aber sie antwortete: «Lasst mal, ich gehe selbst morgen noch einmal einkaufen. Ich will mir aus der Stadt einen neuen Küchenfreund mitbringen. Der alte ist wirklich nichts mehr wert.»

Schien es nur so, oder hatten die Enkel seitdem einen traurigen Blick für ihre Großmutter, wenn sie in ihre Nähe kam? – Die drei Ältesten steckten die Köpfe zusammen und tuschelten miteinander. Na ja, auch Kinder haben ihre Geheimnisse vor Weihnachten.

Einen Tag vor Heiligabend lag ein Brief mit noch etwas ungelenker Schrift im Briefkasten. Die neunjährige Enkelin schrieb: «Liebste Oma, wir sind alle vier traurig, dass du dir einen neuen Freund besorgen willst. Du hast gesagt, der alte ist nichts mehr wert. Aber das stimmt gar nicht: Opa hilft dir doch immer so viel im Haushalt. Er geht auch oft einkaufen. Du sagst doch selbst immer, ja, die Jüngste bin ich auch nicht mehr. Musst du dann, wo du doch schon alt bist, noch einen Freund haben?

Überlege dir das noch einmal! Wir wollen fast keine Geschenke haben. Nur einen großen Weihnachtswunsch haben wir: Bleibe bei Opa!

Am Heiligen Abend wurden die Geschenke kaum beachtet. Es lag Spannung über der kleinen Gesellschaft. Jeder wartete wohl heimlich, wann Oma nun ihren neuen Freund zeigen würde, da sagte sie: «Ich habe den Brief erhalten und mich so sehr darüber gefreut. Daraus habe ich gesehen, wie lieb ihr uns habt. Aber trotzdem muss ich euch sagen, dass ich doch einen neuen Küchenfreund mitgebracht habe. Wollt ihr ihn sehen?»

Alle drei sagten: «Nein, niemals!» Die Kleinste konnte noch nichts sagen (sie war fünf Monate alt), aber wie zur Bestätigung brüllte sie los – allerdings wohl mehr vor Hunger. «Seht ihn euch doch erst mal an, dann könnt ihr immer noch sagen, was ich mit ihm machen soll», antwortete Oma, und alle waren gespannt, was sie aus der kleinen Plastiktüte herausholen würde. Die Große platzte heraus: «Aber Oma, das soll ein Küchenfreund sein? Mama hat auch so etwas. Damit dreht sie immer die Bratkartoffeln um.» Der Zweite sagte mit seiner etwas tiefen Stimme: «… und Fisch auch.» Und der Dritte ergänzte: «Meine Mama dreht damit immer den Eierkuchen um.» Welchen Spaß hatten alle an diesem Abend.

Opa meinte, es wäre das schönste Weihnachtsfest in seinem Leben gewesen. Und Oma sagte dazu: «Ja, was haben wir für ein Glück, solche Enkelkinder zu haben.»

Aber es ist schon so, Glück lässt sich nicht beschreiben – man muss es erleben.

Gertraute von Lilienhoff
Mutti kann nicht schimpfen

In meinem langen Leben habe ich natürlich auch sehr viele Weihnachtsabende erlebt. Schöne, traurige, kirchlichfromme, hungrige. Aber doch auch lustige. Und von solch einem will ich erzählen. Dieser Weihnachtsabend liegt schon zurück in meiner Kindheit. Ich war wohl ungefähr zwölf Jahre alt.

Meine Mutter hatte sich eine scheußliche Erkältung zugezogen und war völlig heiser. Die Tage vor dem Fest mussten das Hausmädchen und ich das Parkett in dem riesigen Esszimmer mit Stahlspänen schrubben und dann mit gelbem Bohnerwachs einreiben. Nun konnte der Heilige Abend kommen! Nachmittags brannten noch die letzten Kerzenstummel am Adventskranz, aber – o Schreck! – die Tischdecke fing Feuer! (Zum Glück wurde das schnell bemerkt, und die Feuerversicherung trat später auch ein.) Das war die erste Panne, die uns Kindern Spaß machte.

Dann kam Panne Nr. 2. Vater zündete immer die Kerzen an der großen Tanne an. Doch unbemerkt lief unser Schäferhund mit in das Weihnachtszimmer, wedelte mit seinem Schwanz das Lametta durcheinander und riss dabei fast den Baum um. «Pfui, pfui», rief Vater – wir wussten vor der Tür gar nicht, was das bedeutete. Und nun kam die 3. Panne: Ich hatte meinem jüngeren Bruder eine Wasserpistole geschenkt, die er natürlich sofort ausprobierte. Das Wasser ergoss sich aber sogleich auf den so mühevoll gereinigten Parkettboden, und Mutter, die ja nicht sprechen konnte, schrieb auf einen Zettel: «Horst soll das nachlassen!» Wir Kinder feixten, sangen trotzdem noch artig «Stille Nacht», und als es viel später zum Zubettgehen kam, sagte mein Bruder: «Das war das schönste Weihnachten, weil Mutti nicht schimpfen konnte!»

Kurt Brinkmann
Nur ein Licht

Es lag eine ungewöhnlich milde Witterung in den Dezembertagen des Jahres 1944 über dem westlichen Russland, dem Teil der Sowjetunion, der auch Bjelo-(Weiß-)Russland genannt wurde. Das weiße Russland, das für uns Soldaten der östlichen Mittelfront im Sommer 1944 zum Schicksal geworden war. Tausende hatten das Los der Gefangenschaft auf sich nehmen müssen. Namen wie Bobruisk, Mogilew und Witebsk wurden zum Fanal des sowjetischen Sieges und zur schmerzlich-ahnungsvollen Gewissheit eines unabwendbaren Untergangs des eigenen Vaterlandes.

Wir waren in einem Lager unweit von Minsk. Wir, das waren damals etwa 8000 deutsche Kriegsgefangene, Insassen des so genannten Waldlagers nahe der bjelorussischen Landeshauptstadt. Nur wenige von uns dachten in diesen Adventwochen an das bevorstehende Weihnachtsfest. Kaum einem stand der Sinn nach vorweihnachtlichen Gedanken. Der Inhalt unseres Gefangenendaseins hieß Hunger. Seit Tagen gab es nur noch gekürzte Brotrationen und dünne Suppen. Bis auf wenige, die im Lagerbereich tätig waren, ging keiner zur Arbeit. Der Einsatz der Gefangenen war noch nicht organisiert. Die Sowjets hatten in diesen Wochen andere Probleme und Sorgen.

Das war die große Zeit der Träumer, die tagaus, tagein auf den Holzpritschen lagen und in einer Art apathischen Halbschlafs dahindämmerten. Die Ok-Baracken - dort hausten die körperlich völlig Heruntergekommenen, die Kameraden «ohne Kraft» - waren seit langem überfüllt, und im Lagerhospital, einem alles überragenden Steinbau, lagen zeitweise fünf Kranke in zwei Betten. Das war auch die Zeit der ewigen Köche und Bäcker, die in Gedanken und Erzählungen die herrlichsten Speisen servierten und phantastische Menüs zusammenstellten.

So gingen wir der Weihnacht des Jahres 1944 entgegen. Die Hoffnung, unsere Lage könne sich bessern, schwand dahin.

Am Tag vor Weihnachten gab es Machorka; fünf Gramm für jeden Tag; für zehn Tage ein Päckchen. Papier zum Drehen war auch da. Jemand brachte sogar eine «Prawda», sie war besonders gut. Besser aber war der Tabak; er betäubte den Hunger und betrog den Magen. Das war wichtig, denn das Brot blieb weiter aus.

Am Morgen des 24. Dezember erhielt jeder nur 200 Gramm Brot, nasses Brot. Dazu einen drei viertel Liter wässerige Suppe. Die Stimmung der Landser hatte ihren absoluten Tiefpunkt erreicht. Pessimisten und Schwarzseher sollten offenbar Recht behalten.

Als an diesem Tag die Dunkelheit hereinbrach und die Abendsuppe mehr getrunken als gelöffelt war, hatten wir nur noch das Bedürfnis, uns so schnell wie möglich, jeder auf seinem Pritschenstück, unter dem Mantel zu verkriechen. Nur ein paar meinten es anders. Sie wollten die Weihnacht trotz allem nicht gedankenlos vorübergehen lassen. Darum stiegen zwei von ihnen - versehen mit einem alten, arg verkommenen «Fuchsschwanz» - über den inneren Zaun. Sie erreichten unbemerkt den nahen Lagerwald. Es war mühsam, mit den Holzpantinen die mächtige, nasskalte Fichte zu erklettern. Die kleine Säge, an einem dünnen Strick um den Hals befestigt, erschwerte das Vorhaben. Aber schließlich schaffte es der Junge. Er hatte einen Baum mit zwei Spitzen gesucht. Eine davon musste fallen. Sie zerrten die Baumspitze über den Draht in die spärlich erhellte Baracke. Dort ließ die Wirkung eines grünen Tannenbaums nicht lange auf sich warten. Aus allen Ecken tauchten plötzlich Gesichter auf, und es dauerte nur kurze Zeit, bis auf dem selbst gezimmerten Barackentisch ein an die zwei Meter hoher Weihnachtsbaum stand. Zwei aus leeren Konservenbüchsen gebastelte Ölfunzeln an seinem Fuß gaben ihm einen Hauch von Festlichkeit. Zahlreiche kräftige Tannenzapfen waren sein natürlicher Schmuck. Und als dann der Barackenälteste mit einer brennenden Kerze in den Raum trat und sie an den Baum heftete, da schien die Weihnacht doch zu uns gekommen zu sein.

Die Landser hoben die Köpfe. Sie richteten sich von ihren hölzernen Lagerstätten auf und starrten in den Glanz des Lichtes. Ein Alter sprach das Gebet vom täglichen Brot und von der Schuld und von der Vergebung. Die meisten schienen solches lange nicht mehr gehört zu haben. Einige falteten verstohlen die Hände. Einer fing zu singen an. Andere stimmten ein. Erst zögernd, dann stärker, lauter: Stille Nacht, Heilige Nacht! Es klang traurig und wehmütig und freudvoll, beglückend zugleich. Schien doch dieser Augenblick alle der Wirklichkeit zu entrücken. Sie waren daheim. – Plötzlich zerrissen vom Barackenflur her laute Schritte diese Träume. Das Singen wurde zaghafter, leiser, brach ab. Mitten unter uns, in dem breiten Barackengang, stand der russische Wachoffizier, umgeben von einem Haufen Soldaten. In barschem Kommandoton gab der Offizier zu verstehen, dass so etwas – er zeigte dabei auf unsern Baum – nicht sein dürfe in der Sowjetunion. Er befahl seinen Männern, den Weihnachtsbaum zu entfernen. Die Rotarmisten griffen zu. Eine Ölfunzel fiel blechern auf den Boden. Ein Soldat fasste nach der einzigen

Kerze. Der Baum wurde hinausgetragen. Der Rotarmist mit dem Licht in der Hand folgte seinem Offizier. Die Tür des Barackenraums fiel ins Schloss. Es war fast dunkel in dem Raum. Leises Gemurmel auf den Pritschen. Hier und da ein derber Landserfluch. Die Weihnacht schien vorüber. – In ebendiesem Augenblick musste es einem Wunder gleichen, als die Barackentür erneut geöffnet wurde. Wir trauten unseren Augen nicht. Der Rotarmist mit der Kerze stand mitten unter uns. Er hatte seine Mütze abgenommen. Das Licht in seiner großen Hand brannte. Der klägliche Glanz des Kerzenscheins erhellte sein breites Gesicht und gab ihm ein friedvolles Aussehen. Der Soldat lächelte und ging zu dem Tisch, auf dem vorher der Weihnachtsbaum gestanden hatte. Behutsamer, als man es seinen groben Händen zutrauen konnte, stellte er dort das Licht ab und verschwand, fast nicht mehr bemerkt. Das war das Wunder jener Nacht am 24. Dezember 1944.

Liselotte Neve

Überraschung beim Krippenspiel

Letztes Jahr beschlossen unsere Kinder, mit ihren Freunden aus der Nachbarschaft ein Krippenspiel aufzuführen.

«Ich bin natürlich der Joseph!», verkündete unser Klaus, «das ist die Rolle für mich. Opa muss mir seinen uralten Mantel leihen. Den ziehe ich verkehrt rum an. Dann klebe ich mir natürlich einen dicken grauen Bart ins Gesicht.»

«Und ich will die Maria sein. Ich will genauso aussehen wie die schöne Madonna auf dem Bild im Kinderzimmer. Du nähst mir doch ein blaues Kleid mit ganz weiten Ärmeln, nicht, Mutti?», rief Melanie dazwischen.

«Und ich? Was soll ich sein? Nicht so ein langweiliger Hirt, der nix zu sagen hat!», beklagte sich unser Jüngster.

«Du wirst einer der Heiligen Drei Könige. Dich malen wir schwarz an, genau wie die anderen Statisten. Da sieht keiner, ob das ein Junge oder ein Mädel ist», tröstete ihn der große Bruder.

Mir dämmerte, was da auf mich zukam. Aber im Grunde freue ich mich immer, wenn die Kinder aufgeschlossen und aktiv sind. Ich gab die Veranda frei als «Bühne», und dann begannen die Vorbereitungen. Von allen Ausflügen brachten wir Tannengrün und Buschwerk mit, und überall in der Nachbarschaft schnupperten die Kinder herum, was sie zur Ausstattung brauchen könnten. In einer Ecke wurde Bethlehems Stall aufgebaut. Aus einer kleinen Kiste bastelten die Kinder eine hübsche Krippe und füllten sie mit Heu und Stroh. Ein prächtiger Stern hing über dem

Stall. Auf dem Grün der Tannen glitzerten Rauschgoldengel und Lametta.

Wir waren sehr stolz auf unser Bühnenbild. Lange Äste wandelten sich zu Wanderstäben. Irgendwo fanden sich zwei Stoff-Schäfchen, die die Hirten behutsam auf dem Arm trugen. Dann aber mussten wir ans Einüben der Texte gehen. Aus dem Lukas-Evangelium sollte die Weihnachtsgeschichte aufgesagt werden. Die Kinder lernten in verteilten Rollen ihre Texte. Alles schien glänzend zu klappen, die Hauptprobe aber war ein totaler Reinfall! Die Kinder bewegten sich stocksteif. Der eine stolperte in der langen Kleidung über die eigenen Füße. Der andere kam ins Stottern, der Dritte hatte den Text vollkommen vergessen. Ganz schlimm aber wurde es, als sie vor der Krippe standen und das Christkind bewundern sollten. Sie wollten sich ausschütten vor Lachen, tuschelten dummes Zeug und streckten sich gegenseitig die Zunge heraus.

«Kinder!», rief ich verzweifelt. «So geht's nicht! So, wie ihr euch über die Krippe beugt, sieht es aus, als ob ihr in einen Kochtopf guckt und feststellt, dass es wieder einmal Erbsensuppe gibt. Ihr habt doch eben die Frohe Botschaft gehört! Das muss man euch ansehen. Die Freude! Das Verwundern!» Und ich machte es ihnen immer wieder vor. Es nützte nichts, sie grienten und kicherten.

«Nimm die Puppe aus der Krippe, Mutti», riet Klaus mir. «Über die müssen wir doch immer wieder lachen. Weißt du noch, wie wir Jungens die früher operiert haben? Sie hat immer noch das ‹abbe› Bein. Da braucht doch nichts in der Krippe zu liegen. Wir tun dann so. Das ist bestimmt besser, als wenn da die alte Gisi im Heu liegt.» Mir war es recht, aber an die Aufführung dachte ich jetzt doch mit erheblichem Herzklopfen. Ich wollte mich doch nicht blamieren.

Dann war der Heilige Abend da. Überall in den Häusern brannten die Lichter, und zur angesetzten Zeit stellten sich die Nachbarn ein. Die Kinder hatten sich schon früher versammelt und fertig gemacht. Es konnte losgehen. Ich setzte mich ans Klavier, denn auch die musikalischen Darbietungen waren in meine Hand gelegt. Mit dem lieben alten Weihnachtslied «Alle Jahre wieder ...» eröffneten wir das Krippenspiel. Alle Kinder erinnerten ihre Texte. Sie bewegten sich frei und fröhlich. Nun kam die kritische Szene vor der Krippe. Der erste Hirt beugte sich herab, er stutzte, sah auf und winkte seinen Gefährten zu. Sie kamen und drängten sich, und – o Wunder – echte Freude, Überraschung und wirkliche Verwunderung spiegelten sich in allen Gesichtern. Sie drängten sich richtig, das himmlische Kind zu sehen, und machten den Heiligen Drei Königen nur ungern Platz, die doch auch gucken sollten.

Mir fiel ein Stein vom Herzen. Sie hatten es einfach zauberhaft gemacht. Ich war sehr stolz auf meine kleine Schar und wandte mich erleichtert wieder dem Klavier zu. Wir alle sangen zum Schluss das schönste Weihnachtslied: «O du fröhliche ...» Manche Omi wischte sich verstohlen ein Tränchen aus dem Auge. Die Kinder verbeugten sich beim großen Applaus. Dann aber riefen sie mich und zerrten mich zur Krippe. Was gab es dort zu sehen? Muschi, unser aller Liebling, eine bildschöne, goldgelb getigerte Katze, hatte in der Krippe ihre Wochenstube aufgeschlagen! Neben ihr im Heu gebettet lagen vier süße kleine Kätzchen und drängten sich an die mütterliche Wärme. Uns war ein lebendiges Christgeschenk beschert!

Das war vielleicht eine Überraschung! Als mein Mann die Bescherung sah, nickte er mir viel sagend zu. Wir kennen doch unsere Muschi! Sie ist eine emanzipierte Katzendame, die zu allen Zeiten im Jahr den Freuden der Liebe nicht abgeneigt ist. Manche Nacht verbringt sie im Garten – man hört es.

Wir ließen Muschi bis Neujahr in ihrem selbst gewählten Lager. Dann kam die Krippe mit allen Requisiten in den Keller. Bei uns aber stand fest, auch im nächsten Jahr sollte es wieder ein Krippenspiel geben.

Wer weiß, vielleicht sorgt Muschi wieder für eine lebendige Überraschung?

Herbert Jäkel
Weihnachtskommando

Weihnacht 1945, wer erinnert sich schon noch gern daran.

Es war eine schwere Zeit, viel Leid und Elend, doch auch für viele wieder Hoffnung auf ein besseres Leben. Ich war damals gerade 17 und wurde als Kriegsgefangener von den Russen im Herbst 1945 den Polen übergeben. So kam ich dann mit einem Transport nach Katowice in ein Arbeitslager der ehemaligen Ferdinandgrube. Hier mussten wir unter Tage arbeiten, was sehr schwer war, da die Verpflegung in den ersten Jahren sehr schlecht und knapp war. Oft gab es tagelang kein Brot, nur Sauerkrautsuppe (Kapusta) oder Graupen. Da ich mit der Jüngste im Lager war, wurde ich mit 19 Kameraden zur Nachtschicht eingesetzt, wir mussten mit den polnischen Kumpels die Transportanlagen für den nächsten Tag umbauen. Das war doch nicht so anstrengend wie eine ganze Schicht Kohle schaufeln.

Nun zu meiner eigentlichen Geschichte.

Dass Weihnachten war, merkten wir nur daran, dass nicht gearbeitet wurde und wir an beiden Feiertagen Brot bekamen. Doch schon am nächsten Morgen hieß es Vier-Mann-Kommando. Das waren immer irgendwelche Arbeiten, die zusätzlich zu der normalen Schicht verrichtet werden mussten. Ich war an der Reihe, und so trottete ich mit den anderen dreien zur Wache. Hier wartete schon ein Posten mit Gewehr und Handwagen auf uns. Wir sollten aus dem Zentralmagazin irgendwelche Sachen für die Lagerküche holen. Das Magazin lag in einem Vorort und ungefähr eine Stunde Fußmarsch von unserem Lager entfernt. Doch der Weg war umsonst, denn dort hatte man noch Feiertag. Solche Organisationsfehler waren wir schon gewohnt. Uns war das im Grunde egal, gleichgültig machten wir uns auf den Heimweg, immer die Hauptstraße entlang. Nur der Posten war damit nicht einverstanden und wies uns einen anderen Weg.

Als wir in eine Siedlung kamen, begrüßte unser Bewacher einen Bekannten, der uns seine Tabakschachtel gab, wir sollten uns eine Zigarette drehen und warten. Kurz darauf kam ein kleines Mädchen aus einem Haus gegenüber und fragte den Posten etwas. Als dieser nickte, lief es zurück und kam mit einem Kuchenpaket wieder und gab es uns. Was es sagte, konnte ich damals noch nicht verstehen. Ehe wir das richtig begriffen hatten, gingen wie auf ein Signal überall Türen und Fenster auf, und wir fingen, wie früher der Leierkastenmann, Päckchen mit Kuchen auf. Unser Handwagen war ganz schön gefüllt, als wir dann weiterzogen.

Es reichte für alle 20 Kumpels unserer Schicht.

Der einzige Kommentar des Postens: «Nun, Weg nix gutt?»

Dies ist ja nun schon lange her, doch an diese kleine Begebenheit, die für uns damals ein so großes Ereignis war, erinnere ich mich noch heute, als wenn es erst vor ein paar Tagen geschehen wäre.

K. W. Djanani
Mission Teheran
oder
Die gelungene Weihnachtsüberraschung

Gab es etwas Schöneres als Weihnachten in Teheran? Wie immer fing es pünktlich am 21. Dezember an zu schneien, frischen, feinen Pulverschnee. Die zum Greifen nahen, mächtigen Viertausender des Elbruzgebirges hoben sich blütenweiß vom strahlend blauen Frosthimmel ab.

Komisch, in diesem Jahr hatten wir gar nichts von unserem deutschen Opa gehört. Im Sommer war es ihm hier zu heiß, so besuchte er uns ab und zu im Winter.

Zwei Tage vor Weihnachten bekamen wir Schüler der deutschen Schule Ferien. Mama war schnell noch einkaufen gegangen. Ich spielte gerade mit meinem kleinen Bruder Klaus, als wir ein Auto vorfahren hörten und in den Vorgarten schauten.

Da stand er, groß und stark, mit seinem alten Filzhut und dem grauen Wintermantel, mit Tüten, Päckchen, Taschen, Koffern bepackt. Seine Augen, blauer denn je, strahlten: unser Opa aus Deutschland! Johlend stürzten wir uns auf ihn und zogen ihn ins Haus.

«Wo ist die Mama? Pst! Sie soll noch nicht wissen, dass ich da bin. Wartet, ich will mich gleich verstecken.»

Eilig packte er einige der Sachen aus: Wurst, Käse, Gebäck, Vollkornbrot und noch viel mehr. Alles dekorierte er sorgfältig auf dem Küchentisch. Dann versteckte er sich in Mamas Büro, und wir warteten gespannt auf ihre Rückkehr.

Nichts ahnend schleppte sie ihre Einkäufe in die Küche. «Was ist denn hier los? Ein Paket aus Deutschland? Schön, jetzt haben wir aber wirklich alles für Weihnachten.» Lächelnd schüttelte sie den Kopf: «Der alte Knabe vergisst uns auch nie.»

Der kleine Klaus wollte gerade alles verraten, als Opa, der es selbst nicht länger ausgehalten hatte, plötzlich mitten unter uns stand.

Mama schrie auf. Die Freude zwischen Vater und Tochter war groß.

Opa war bereits am Vorabend in Teheran gelandet, hatte dann in einem Hotel übernachtet, um am anderen Morgen per Taxi überraschend bei uns auftauchen zu können. Für ihn ging damit ein lang gehegter Wunsch in Erfüllung.

An Heiligabend bastelte er den ganzen Tag an irgendetwas herum: Christbaumständer herstellen, Baum schmücken, Sack und Rute besorgen, Nikolauskleidung zusammenstellen und Maske aus weißem Stoff, Watte und Deckfarben anfertigen ... Improvisation war alles!

«Nach dem Krieg habe ich das auch immer so gemacht», erzählte er und lebte richtig auf.

Vater hatte ein Feuer im Kamin angezündet. Weihnachtslieder von Opas mitgebrachter Kassette und edle Bratendüfte durchfluteten das Haus. Alle warteten auf den Weihnachtsmann.

Opa, in seiner Lieblingsrolle als Weihnachtsmann, übertraf sich selbst. Noch einmal, nach dreißigjähriger Pause, zog er alle Nikolausregister. Es sollte sein letztes Weihnachtsfest sein.

Ganz zum Schluss kam der kleine Klaus an die Reihe. Er saß auf Papas Schoß, weit fort vom Nikolaus. Als er sein Gedichtchen aufgesagt hatte, sagte er leise: «Du, Nikolaus, hast du vielleicht dem Opa seine Stiefel geklaut? Der Opa hat auch solche Stiefel.» Nikolaus nahm es ihm nicht weiter übel und klärte den Fall auf: «Weißt du, in Deutschland haben alle Weihnachtsmänner und Opas solche Stiefel, und ich komme ja direkt von dort, über das Elbruzgebirge, geradewegs in dein Haus. Nun komm einmal her, gib dem Nikolaus ein Küsschen und hol dir deine Geschenke aus dem Sack.» Näher als zwei Meter aber traute sich der kleine Kerl nicht heran und sagte nur: «Gib!» Nun schaltete sich auch Mama ein: «Papa, ach nein, Nikolaus, gib es ihm doch bitte.» Dass sie sich auch immer wieder versprechen musste!

Als Nikolaus fort war, kam auch der Opa wieder. Kläuschen lächelte mitleidig: «Du bist aber ein Angsthase! Du brauchtest dich doch nicht im Keller zu verstecken. Aber, Opa, der Nikolaus hatte, glaube ich, doch deine Stiefel an.»

Sabine Kühn
Großvaters rasender Weihnachtsbaum

Zur Person meines Großvaters: Osmar Fridolin Joseph – mir zergehen die Vornamen auf der Zunge.

Er war Lehrer an der Mädchenschule der kleinen Stadt in der Mark Brandenburg. Als junger Lehrer besaß er den Mut und den Witz, die vom Rektor der Schule und der Schulbehörde an ihn gerichteten Briefe, mit Rotstift auf Orthographie, Interpunktion und Stil korrigiert, zurückzuschicken. – Er fand übrigens immer etwas zu verbessern.

Das schadete seinem beruflichen Aufstieg nicht. Er avancierte bald zum Konrektor. Anscheinend hatten damals, zur Zeit der Jahrhundertwende, Vorgesetzte Humor.

Großvater besaß also Courage. Außerdem hatte er viel Sinn für Ungewöhnliches, war stark interessiert an neuesten technischen Erfindungen, zum Beispiel fuhr er als einer der Ersten ein Fahrrad.

Großvater war Besitzer eines hoch verschuldeten Hauses mit Garten. Er liebte seine Bienenvölker, eine Gans, drei Enten, die gern auf seinem Schoß saßen, und einen Weinstock, der in der Glasveranda wuchs und tatsächlich sehr kleine, sehr kernige, sehr saure Trauben produzierte. Diese verarbeitete er zu einem kriminellen Wein, der zu Festtagen getrunken werden musste und eine starke Wirkung hatte.

Weiter liebte er seinen Flügel, der imponierend im Gartenzimmer stand. Dieser Flügel war später Objekt heftigster, bitterböser und sehr unfair geführter Erbstreitigkeiten.

Am meisten liebte er seine sieben Enkelkinder. Seine Frau liebte er nicht. Er ängstigte sich vor ihr. Trotzdem hatten die beiden drei Söhne und eine Tochter. – Ja, und dann fand Großvater Festtage, besonders Weihnachten, herrlich.

An diesen Tagen musste DIE SIPPE um ihn versammelt sein. Immerhin 18 bis 20 Personen, Nebenfiguren eingerechnet.

Das war nicht so leicht machbar, weil die Geschwister mit ihren Ehepartnern – diese spielten in diesem Zusammenhang eine wichtige Rolle – meistens zerstritten waren.

Heiligabend aber war ein hartes Muss. Alle erschienen mit guten Vorsätzen, aber mit Vorsicht gewappnet. Großvater und der Weihnachtsbotschaft zuliebe. Die Atmosphäre war also schon von Anfang an immer leicht verkrampft. Unweigerlich nahm dann die Spannung zu, und das Fest endete in boshaftem, gehässigem Zank. Das gehörte einfach dazu.

Großvater hatte kein Verständnis und keine Erklärung dafür. Er wollte alles lieb, gut und so richtig festlich und fröhlich machen.

An einem Heiligabend, so gegen Ende der zwanziger Jahre, gab sich Großvater bei der Begrüßung und während der Kaffeestunde betont gleichgültig. Das war sonst nicht seine Art und darum verdächtig. Er war ein miserabler Schauspieler. Bestimmt hatte er eine besondere Überraschung ausgetüftelt.

Endlich wurde beschlossen, sich zur Bescherung ins Gartenzimmer zu begeben, in dem der imposante Weihnachtsbaum stand. Wie in jedem Jahr traditionell mit dem alten, kunterbunten Schmuck und viel Lametta behängt. Heute aber stand er nicht in der Mitte des Raumes, sondern mehr in eine Ecke gerückt.

Der Deckel des Flügels war geschlossen. Eine Fransendecke und Geschenkpäckchen lagen darauf. Sonderbar, ein geschlossener Flügeldeckel am Heiligabend!

Alle hatten endlich eine Sitzgelegenheit gefunden und machten teils erwartungsvolle, teils verkniffene, teils gelangweilte Gesichter. – Das Zimmer war nur sparsam beleuchtet. Großvater und einer seiner Söhne begannen die Kerzen am Baum, 24 Stück, anzuzünden. Das dauerte und dauerte. Unerträglich.

Allmählich wurde das Zimmer heller, der Baum immer strahlender. Der Anblick war dann doch sehr schön.

Als alle Kerzen brannten, verschwand Großvater hinter dem Baum. Wir hörten eigenartige Geräusche. Rasseln und Knacken. Unverkennbar wurde eine metallene Kurbel gedreht. Nach einiger Zeit kam Großvater mit rotem Gesicht wieder zum Vorschein. Sein Schnauzbart wackelte vergnügt.

Und dann, o Wunder, langsam, feierlich begann der Baum sich zu drehen. Und aus einer im Ständer eingebauten Spieluhr erklang: O du fröhliche, o du selige …

Alle saßen jetzt in einer Art Habtachthaltung. Erstarrt, verblüfft, stumm.

Alle waren irgendwie außer sich, wie in einer Theatervorstellung. Alle waren sehr, sehr gerührt. – Lieber Großvater, wie wunderbar.

Ruhig, majestätisch drehte sich der Baum. Der Schmuck kam voll zur Geltung. Die Musik war einzigartig. Man entspannte sich. Die Sippe begann zu singen. Meine Mutter und mein Vater mit ihren Kirchenchorstimmen.

Der Engel des Friedens und der Versöhnung schwebte durch den Raum. Alle fühlten nur noch Liebe zueinander und schworen sicher tief im Herzen, immer gut zu sein, nie mehr, wie all die Jahre zuvor, das Fest in Streit, Hass,

Neid und Gebrüll enden zu lassen. Von jetzt ab nur noch vollkommene Harmonie!

Es war so schön! – Und dann geschah es. Plötzlich stimmten Tonhöhe und Tempo der Spieluhr und des Gesanges nicht mehr überein. Der Gesang brach ab. Die Walze spielte schneller und schneller, höher und höher, schriller und schriller. Sie kreischte. Der Baum drehte sich wilder und wilder. Er raste im Kreis herum. Die Kerzenflammen legten sich quer – wie auch das Lametta, das Rauchfahnen hinter sich herzog. Der Schmuck klirrte. Einige Kugeln und gläserne, mit farbiger Flüssigkeit gefüllte Zapfen schleuderten herunter und zersprangen. Der Baum wirbelte verrückt weiter. Wind war aufgekommen. Die Spitze, die wie der Paradehelm des letzten Kaisers, oder besser: wie der Kopfputz eines Zirkuspferdes, ausgesehen hatte, wirkte wie ein flirrend leuchtender Ball.

Alle waren zum zweiten Mal erstarrt, Entsetzen auf den Gesichtern. Dann brach ein Tumult aus. Spitze Schreie, Hilferufe, Stöhnen, hysterisches Gelächter. Großmutter rief: «Osmar, tu etwas!» Und wieder: «Osmar, wie konntest du!» – Meine Mutter drückte schluchzend mein Gesicht in ihren Rock. Ich konnte gerade noch mitbekommen, wie mein Großvater aus einer Art Versteinerung erwachte und mit einem fabelhaften Hechtsprung in den Baum sprang. Er brachte ihn zum Stillstand. Dabei schrie er verstört, aber doch mit einem winzigen Anflug von Begeisterung: «Die Feder ist gerissen!»

Meine Mutter rannte, meinen Bruder und mich mitzerrend, aus dem Inferno.

Geraume Zeit war vergangen. Wohl zwei Stunden. Die Sippe saß am endlos lang ausgezogenen Tisch im Speisezimmer. Wir Kinder, überdreht, übermüdet und quengelig vor Aufregung, am Katzentisch.

Die Erwachsenen sahen erschöpft, zu blass oder zu rot, bitter, vorwurfsvoll und wieder verkniffen aus. Und nicht sehr sauber. Einige trugen Pflaster an den Händen. Großvater hatte angesengelte Bart- und Kopfhaare. Der Katzentisch guckte ehrfürchtig.

Alle hatten geholfen - mehr oder weniger selbstverständlich –, das Chaos im Gartenzimmer wenigstens zu sortieren. Übrigens, dem Flügel geschah zum Glück nichts Wesentliches, und einige Geschenkpäckchen überstanden auch. Nach dem Fest würde renoviert werden müssen.

Die Atmosphäre glich vollkommen der aller vergangenen Jahre. Der gute Engel ist aus dem Haus geflogen.

Man aß stumm und viel.

Die Großtante nahm eine zweite Portion von der selbst gekochten Sülze. Sie aß einige Happen. Dann beförderte sie mit der Gabel ein Stück Knochen vom Mund auf den Tellerrand: «Also, wüsste ich nicht genau, dass es nicht sein kann, würde ich sagen, das ist mein Zahn.»

Meine Mutter, die der Tante gegenübersaß, sah von ihrem Teller auf und zur Tante hinüber, die noch über ihren kleinen Witz lächelte. Nach einer Pause sagte sie, ganz ruhig und kühl: «Es ist dein Zahn.»

Annegret Schmolke
Vier Schrauben

Weihnachten stand wieder einmal vor der Tür.

Dieses Jahr hatten meine Familie und ich uns für einen Baum vom Boden bis zur Decke entschieden.

Dazu benötigten wir auch einen neuen, guten Baumständer, also wurde einer gekauft.

Übervorsichtig und genau, wie Mutti nun einmal ist, schnappte sie sich die Gebrauchsanweisung, während meine Brüder den Baum zum Aufstellen vorbereiteten.

Nach gründlichem Studieren derselben untersuchte Mutti den Ständer von allen Seiten und stellte fest, dass nur drei Schrauben zum Anziehen des Baumes da waren statt vier, wie es in der Anweisung angegeben war.

Und nun ging es los!

«Annegret, Annegret!», rief sie aufgeregt. «Nun, sieh dir das an, der Ständer ist nicht in Ordnung, da sind nur drei Schrauben, es müssen aber vier sein, so kann der große Baum doch gar nicht halten!»

Genervt sah ich mir den Ständer an, denn für Baum und Ständer waren mein Vater, mein Mann und meine Brüder zuständig, ich war mit anderen Vorbereitungen beschäftigt.

Auf das Durchlesen der Anweisung verzichtete ich.

«Mutti, schau dir mal den Ständer an, da sind doch nur drei Löcher drin, wie willst du dann vier Schrauben anziehen?» – «Ja, hier steht aber: Vier Schrauben anziehen», entgegnete Mutti noch aufgeregter.

«Nein, Kinder, so geht das nicht, der schwere Baum hält

nie. Drei Schrauben können das nicht schaffen, o Gott, o Gott, ich sehe die Stube schon in hellen Flammen aufgehen.»

«Dann stell einen Eimer Wasser neben den Baum!», stellte mein Bruder trocken fest.

«Kinder, seid doch vernünftig, tauscht den Ständer morgen um, das schaffen wir doch noch, da fehlt eine Schraube, das ist doch nicht in Ordnung!», zeterte Mutti. «Es sind aber nur drei Löcher da!», antwortete mein Mann ungehalten.

«Ja, eben, sag ich doch, der Ständer ist unvollständig!», jammerte Mutti. «So seid doch bloß vernünftig und besorgt einen anderen Ständer.»

Arme Mutti, keiner wollte auf sie hören. Unbeirrt arbeiteten die Jungs weiter am Baum.

Mutti zeterte und wedelte noch eine ganze Weile mit ihrer Gebrauchsanweisung hinter mir her und redete von dem großen Unglück, das Heiligabend auf uns zukommen würde, nur weil niemand auf sie hören wollte. Endlich stand der Baum, gehalten von drei Schrauben, bombenfest in seinem Ständer.

Mutti jammerte und zeterte weiter.

Völlig genervt sagte mein Mann: «Gib mir mal die Gebrauchsanweisung!», und las laut vor:

«1. Ständer auf festen Untergrund stellen,
2. Baum einsetzen,
3. Baum ausrichten,
4. Schrauben anziehen!»

Alle fingen schallend an zu lachen, hatte Mutti doch den kleinen Punkt hinter der Vier übersehen.

Bernd Finken
Zirkus

Obwohl in jedem Zirkus dieser Erde natürlich das Rauchen und ganz besonders offenes Feuer streng verboten sind, brannte im Stallzelt des Circus Williams-Althoff einmal - ein einziges Mal - eine Kerze. Und das kam so:

24. Dezember 1986, Liège, Belgien. Die Galavorstellung zum Abschluss des großen Zirkusfestivals ist beendet. Morgen soll der Abbau beginnen, doch jetzt, es ist etwa 23 Uhr, liegt tiefe, beinahe festliche Ruhe über dem Zirkusplatz. Trotz seines etwas hochtrabenden Namens, Esplanade du Longuedoz, ist der Platz ziemlich ungemütlich. Nur wenige trauen sich aus dem Wohnwagen, und wenn, dann nur, um rasch wieder in einem anderen zu verschwinden.

Wir sitzen mit einer Hand voll Artisten im Wohnwagen von Clown Jacomo. Auf dem kleinen Schminktischchen leuchtet ein klitzekleiner Weihnachtsbaum. Weiß der Himmel, woher Jacomo diesen Winzling besorgt hat. Dennoch ist er mit viel Liebe geschmückt. Abgerundet wird das Bild durch Jacomos Clownnase, die neben dem Bäumchen an einem Haken baumelt: mal wieder ein Weihnachtsfest im Zirkus.

Der Glühwein dampft in den Bechern, und das Gespräch dreht sich um das Thema, das uns allen am wichtigsten ist: Zirkus. Doch irgendwann ist das Thema erschöpft, und wir fangen an, uns vorzustellen, wie die anderen auf dem Platz wohl heute Weihnachten feiern. Plötzlich steht die Frage im Raum: «Wer hat heute eigentlich Stallwache?»

Hans hatte sich schon vor Tagen freiwillig gemeldet. Er ist der größte Einzelgänger im Zirkus und lebt nur für seine Tiere. Er kennt sie wie ein Psychiater seine Patienten. Und die Tiere erwidern seine Liebe. Tönt seine Stimme im Stallzelt, dann richten sich die Ohren der Pferde auf, die Elefanten begrüßen ihn mit leisem Brummen, und selbst Vauta, unser recht eigenwilliges Nashorn, ist erstaunlich friedlich in seiner Gegenwart. So vertraut er jedoch mit seinen Tieren ist, so zurückhaltend ist er zu den Menschen.

Wir schauen uns an. Er ist sicherlich der Einzige, der heute allein ist. Sollte man nicht vielleicht …? Jacomo nimmt die Sache in die Hand: «Jeder verschwindet in seinem Camping und schaut nach, ob er nicht 'ne Kleinigkeit hat. In spätestens fünf Minuten trifft sich alles wieder bei mir. Klar?» Sonnenklar! Wir stapfen über den nassen Platz und überlegen, was wir so im Wohnwagen haben.

Fünf Minuten später sitzen wir wieder bei Jacomo und machen Inventur: Süßigkeiten, ein Pfund Kaffee, eine Wurst und ein Paar selbst gestrickte Socken. Nur Benno braucht natürlich wieder zehn Minuten. Außer Atem stolpert er in den Wohnwagen und hält sich krampfhaft die Jacke zu. Noch bevor Jacomo zu seinem berühmten Vortrag über Pünktlichkeit im Zirkus ansetzen kann, holt Benno aus seiner Jacke ein kleines, schwarzes, fiependes Bündel und setzt es vorsichtig neben das Weihnachtsbäumlein. «Dugena hat Junge bekommen, und da dachte ich …, na ja, wo er doch Tiere so liebt!»

Benno befasst sich neben haarsträubender Artistik unter der Zirkuskuppel besonders mit Hunden. Seine Hundenummer ist für ihn Ausgleich und Altersversorgung zugleich, denn Artisten mit Luftnummern gelten schon mit vierzig Jahren als «alte Herren».

Wir sind begeistert! Mit kindlicher Vorfreude verpacken

wir unsere Gaben. Jacomo ergreift dann wieder das Kommando: «Jeder schnappt sich ein Paket und folgt mir. Aber etwas Ruhe, wenn ich bitten darf, Herrschaften!»

Und kurz danach bewegt sich die wohl seltsamste Prozession, die es je auf einem Zirkusplatz gegeben hat, in Zickzacklinien um die Pfützen herum über den Platz. Wir stehlen uns ins Stallzelt und bleiben einen Moment stehen, um unsere Augen an das gedämpfte Licht zu gewöhnen. Da sitzt er, unser Hans: auf einem Strohballen vor der Warmluftöffnung der Heizung des Stallzeltes. Langsam dreht er sich um und schaut uns fragend an. Irgendwie kommen wir uns plötzlich etwas albern vor, und keiner bewegt sich von der Stelle. Selbst Jacomo kommt etwas aus dem Rhythmus: «Weißt du, wir dachten, dass du hier ziemlich allein bist und - ach was -», er geht auf Hans zu und stellt, eine Idee zu schnell, sein Paket vor ihn auf den Boden: «Fröhliche Weihnachten!»

Jetzt kommt Bewegung in unsere kleine Truppe. Einer nach dem anderen übergibt sein Päckchen, und Benno drückt Hans den mit Schleifchen weihnachtlich dekorierten kleinen Hund in den Schoß: Hans sitzt immer noch bewegungslos auf seinem Strohballen und sagt leise: «Was ist denn in euch gefahren?» Jacomo hat einen neuen, überall passenden Ausspruch gefunden und wischt damit alle Fragen, Erklärungen und Dankesbezeugungen vom Tisch: «Ach was!» Wir bauen einen Halbkreis von Strohballen um die Heizung, Jacomo zaubert eine Thermosflasche mit Glühwein aus seinem Mantel, und wir machen es uns im Stallzelt gemütlich. Hans packt seine Geschenke mit leuchtendem Gesicht aus, und wir sitzen dabei und freuen uns wie die Schneekönige.

Und da brennt ein Mal, ein einziges Mal, im Stallzelt des Circus Williams-Althoff eine Kerze.

Jürgen Denker
Merry Christmas 1945

«Ist das nicht toll!» Mein Freund Klaus jubelte mir zu. Wir sprühten vor kindlicher Ausgelassenheit. Er ritt bei Mike auf dem Nacken. Ich saß rittlings auf der breiten Schulter von John.

Ich klammerte meine Arme um Johns Kopf mit seiner rothaarigen Stoppelfrisur, um bei dem Ritt durch den weihnachtlich geschmückten Festsaal ja nicht herunterzufallen.

John galoppierte mit mir vorbei an den Tischen mit Weißbrot und Butter, mit einfacher und gefüllter Schokolade, vorbei an den beiden riesigen Weihnachtsbäumen, die von oben bis unten nach englischer Sitte bunt und glitzernd geschmückt waren. Weihnachten 1945.

Mike und John waren englische Soldaten. Sie gehörten zu der Kompanie, die nach Ende des Krieges unseren Teil des Dorfes als Besatzungsmacht beschlagnahmt hatte.

Den Platz neben dem großen Seminargebäude, in das alle Familien aus den besetzten Häusern einquartiert waren, benutzten die Engländer als Abstellplatz für ihre Militärfahrzeuge. Der Betrieb auf dem Platz übte auf uns Jungs einen starken Reiz aus. Von den höher gelegenen Fenstern beobachteten wir, wie die Soldaten mit den Panzern und Jeeps hin und her rangierten, wie sie sich zwischen den Fahrzeugen auf Spirituskochern ihre Mahlzeiten zubereiteten.

Der Drang, dorthin zu gelangen, trieb Klaus und mich – trotz des elterlichen Verbots und trotz des Stacheldrahtzauns. Wir bogen die Drähte so weit auseinander, dass wir ungesehen und ohne Dreieckslöcher in den Hosen hindurchschlüpfen konnten. Wir schlichen uns an eine Gruppe heran, die zwischen zwei Panzern um einen Spirituskocher herumsaß. Es roch nach Bouillon und gebratenem Corned Beef, nach dampfendem Kaffee und heißem Kakao.

Die Soldaten entdeckten uns. Sie luden uns zur Mahlzeit ein, feixten und spielten mit uns. Unsere Taschen voll von englischen Süßigkeiten und Leckerbissen, machten wir uns auf den Rückweg. Unsere Geschwister freuten sich über unsere Mitbringsel, die wir alle zum ersten Mal in unserem Leben zu sehen und zu schmecken bekamen.

Regelmäßig krochen wir, Klaus und ich, hinüber zu Mike und John, die zu der gastfreundlichen Gruppe gehörten. Sie freuten sich, die beiden Besatzungssoldaten aus dem fernen England, wenn wir angeschlichen kamen.

Doch die Freundschaft fand ein jähes Ende - vorerst.

Als wir eines Tages von unserem nahrhaften Besuch fröhlich und mit Schätzen beladen durch das Stacheldrahtloch zurückgekrochen kamen, stand plötzlich der Hausverwalter des Seminargebäudes vor uns. Die Standpauke und die Ohrfeigen waren erträglich. Viel schlimmer war, dass der Drahtverhau verstärkt wurde und unser Loch zu Mike und John für immer versperrt war.

Das Jahr 1945 nahm seinen Lauf. Die Weihnachtszeit nahte.

In der winzigen Wohnung direkt unter dem Dach des Seminargebäudes war Mutter fleißig bemüht, uns vier kleinen Kindern mit den einfachsten Mitteln ein behagliches, unvergessliches Weihnachtsfest zu bereiten. Trotz der quälenden Ungewissheit über das Schicksal unseres Vaters, der noch im Frühjahr 1945 in russische Kriegsgefangenschaft geraten war.

In dem großen Seminargebäude erklangen die schönen Weihnachtslieder aus den verschiedenen provisorischen, mit Wolldecken aufgeteilten Wohnungen, und der süße Duft vom Backen der kleinen Weihnachtsplätzchen durchdrang die Flure und Treppenhäuser.

Zugleich waren da die Trauer und Sorge um all die Spuren und Wunden, die der Weltkrieg in vielen Familien hinterlassen hatte.

Mitten in diese unvergessliche Weihnacht platzte die Einladung der Engländer. Der Besatzungskommandant lud alle kleinen Kinder aus den evakuierten Familien zur Weihnachtsfeier ein.

In spannungsreicher Erwartung marschierte eine große Kinderschar in Begleitung einiger Soldaten hinüber in das besetzte Missionsgebäude.

Der große Festsaal erstrahlte im weihnachtlichen Glanz. In der Mitte die beiden Weihnachtsbäume, deren Spitzen bis unter die Decke reichten. An den Seitenwänden rechts und links prasselte wärmendes Feuer aus zwei offenen Kaminen. Die Mitte des Saales war ausgefüllt mit zwei langen, weiß gedeckten Festtafeln, auf denen die schönsten Leckerbissen zu sehen waren.

Soldaten in festlicher Uniform führten uns zu unseren Plätzen. Sie bedienten uns mit heißer Schokolade, sie ermutigten uns, kräftig zuzugreifen.

Klaus und ich, wir ließen uns das nicht zweimal sagen. Wir taten uns gütlich an dem schneeweißen Weißbrot mit Butter, an Schokolade, Bonbons und Kuchen. Zwischendurch sangen wir Weihnachtslieder, die von einem Soldaten am Klavier begleitet wurden.

Als nichts mehr in unsere kleinen Bäuche hineinpasste, machten die Soldaten mit uns die schönsten Spiele.

Längst hatten wir Mike und John wieder erkannt. Das

war ein fröhliches Wiedersehen. Sie versorgten uns mit allen Leckereien, sodass unsere Teller nie leer wurden.

Dann holten sie uns zu den Reiterspielen.

Ganz unauffällig teilten die Engländer uns während des bunten Treibens mit, wann wir mit unseren Familien wieder in unsere Häuser und Wohnungen ziehen konnten, was im nächsten Frühjahr dann auch tatsächlich geschah.

Zum Abschluss standen die deutschen Kinder und die englischen Soldaten Hand in Hand um die beiden Weihnachtsbäume herum und sangen: «Welt ging verloren, Christ ist geboren, freue, freue dich, o Christenheit.» Weihnachten 1945.

Swantje Krause

Feuerwerk

Heiligabend werd' ich spenden,
Heiligabend geb' ich Geld,
denn kein Kind soll heut' verenden,
niemand leiden auf der Welt!

Doch morgen ist's mir einerlei,
ob einer stirbt oder auch zwei,
die Schonzeit ist dann aufgehoben
und auf das nächste Jahr verschoben.

Silvester ist es mir dann gleich,
ob einer arm, der and're reich,
der Glanz der Weihnacht ist verblichen
und schließlich wird nur ausgeglichen.
Was mancher leichtfertig gespendet,
wird endlich sinnvoller verwendet.

Ein Feuerwerk am Himmelszelt
vielleicht sieht's auch die Dritte Welt!

Kurt Brinkmann
Sein schönstes Weihnachtsgeschenk

Damals im Herbst 1952 zeigte sich der kommende Winter schon ungewöhnlich früh in Asbest, der kleinen russischen Stadt östlich des Mittleren Urals. Es war gerade Oktober, als der erste Schnee fiel. Und wenn wir bei Sonnenaufgang zum Arbeitsausmarsch am Lagertor standen, kroch uns der morgendliche Frost schon in die Klamotten. Das Lager war für uns Kriegsgefangene - den Wojennoplennij - mit der Zeit so eine Art Zuhause geworden. Wir gingen in den achten Nachkriegswinter hinter Stacheldraht. Nach den leidvollen und kraftzehrenden Jahren in der gefürchteten Strafregion Workuta im Norden des Sowjetlandes arbeiteten wir in Stalingrad, dem heutigen Wolgograd, und halfen dort mit, wieder aufzubauen, was einst im Krieg zerstört worden war. Aber schon im folgenden Frühjahr schickten uns die staatlichen Organe erneut auf «Etappe». Unser Transport ging nach Nordost in den Ural, nach Swerdlowsk, und endete schließlich in einem Barackenlager am Ortsrand von Asbest.

Inzwischen hatten wir uns mit der neuen Situation abgefunden und uns eingerichtet, soweit davon unter den Gegebenheiten die Rede sein konnte. Dabei hatten sich gerade in Asbest die Verhältnisse unseres Gefangenenlebens beachtlich gebessert. Seit geraumer Zeit hatte nämlich die Gewahrsamsmacht den über uns verhängten Status für Strafgefangene aufgehoben. Damit entfielen erhebliche Repressalien gegen uns. Wichtigste Erleichterung war die Aufhebung des allgemeinen Schreibverbots. Wir durften nach mehrjähriger Unterbrechung einmal monatlich an unsere Angehörigen nach Deutschland schreiben und von dort Post- und Paketsendungen empfangen. Dies erschien uns zunächst so unwahrscheinlich, dass kaum einer an eine derartige Möglichkeit glauben mochte. Aber das Wunder geschah! Die von uns geschriebenen Doppelkarten der Kriegsgefangenen-Post kamen nach drei bis vier Monaten als Antwort von unseren Familien aus Deutschland zu uns zurück. Und nach schleppendem Anlauf erreichten uns seit dem Sommer 1952 immer mehr Pakete aus der fernen Heimat. Eine nicht zu beschreibende Freude und Hilfe für uns. Das Bewusstsein, die daheim haben uns nicht vergessen, sie denken an uns, stehen zu uns, stärkten Hoffnung und Lebenswillen. Hinzu kam, dass der Hunger aufhörte. Der Ernährungs- und Gesundheitszustand der Gefangenen besserte sich zusehends. Wohl dem, der mit Post- und Paketsendungen bedacht wurde. Aber es gab auch Mitgefangene, denen es trotz mannigfacher Versuche nicht gelang, Verbindung zu ihren Angehörigen zu bekommen. Betroffen davon waren vor allem die aus Ostpreußen, Pommern und Schlesien stammenden Kameraden. Zu ihnen zählte Bruno Plauschien, ein junger Ostpreuße aus Bartenstein. Nachdem der Vater gefallen war, musste der damals Siebzehnjährige noch kurz vor «Toresschluss» Soldat werden. Er geriet 1945 in Berlin in sowjetische Gefangenschaft. – In Asbest arbeiteten Bruno und ich gemeinsam auf einer Baustelle. Wir fassten Vertrauen zueinander und freundeten uns an. Bruno hatte bis zu dieser Zeit nichts von seinen Leuten daheim gehört. Und dabei versuchten wir alle nur erdenklichen Schliche und Finessen einzusetzen. So schrieb ich unter seinem Absender an meine Mutter und sprach sie als «Tante» an. Ein anderer übernahm Brunos Namen, um seiner «Schwester» zu schreiben. Doch alle Versuche blieben erfolglos. Unser Freund bekam weder Post, noch fand er seinen Namen auf der Liste, die den Glücklichen im Lager eine Paketsendung ankündigte. Traurigkeit und das bedrückende Gefühl des Verlassenseins überkamen den jungen Kameraden. Letzte Hoffnungen, Mutter und Geschwister wieder zu finden, schwanden dahin. Auch der gut gemeinte Trost von Leidensgenossen vermochte da nur wenig zu bewirken. Wussten wir doch nur zu gut: Das Schlimmste für einen Menschen, der jahrelang der Freiheit beraubt ist, sind nicht körperliche Entbehrungen, nicht die ständig spürbare Rechtlosigkeit und nicht die Demütigungen, denen er ausgesetzt ist. Wirklich schlimm ist das völlige Losgelöstsein des Gefangenen von den Menschen, zu denen er im sonstigen Leben gehört hat und mit denen er sich eng verbunden fühlte. Das zerrüttet die Seele, lässt das Gemüt erkranken.

Und dann – kurz vor Weihnachten – trat das Unglaubliche ein. Um diese Zeit kamen zwei Lkws ins Lager, hochbepackt mit Paketen aus der Heimat. Nie zuvor hatte uns ein derartiger Segen erreicht. Zum bevorstehenden Fest schickten nicht nur Angehörige, sondern auch Freunde, Betriebe, Schulklassen, Wohlfahrtsverbände, Heimatstädte und -gemeinden. Als ein paar Tage später die üblichen Listen aushingen, befand sich darauf auch der Name Bruno Plauschien. Bald darauf nahm der Adressat sein erstes Paket in Empfang. Doch neben der übergroßen Freude stand eine schmerzliche Enttäuschung: Die willkommenen Gaben waren nicht von der Mutter, nicht von den Geschwistern. Sie kamen vom Evangelischen Hilfswerk aus Erlangen. Weiterhin also Ungewissheit und Bangen um das Schicksal der Lieben.

Der 24. Dezember 1952 war ein Tag mitten in der Woche. Natürlich mussten wir tagsüber na rabota - zur Arbeit - auf die Baustelle. Als wir bei Einbruch der Dunkelheit ins Lager zurückkehrten, rief uns schon am Eingangstor jemand zu, es sei Kartenpost aus der Heimat eingetroffen und verteilt worden. Die frohe Nachricht trieb uns zur Eile. In freudiger Erwartung hasteten wir über die Lagerstraße in unsere Behausungen. Wurde dort doch die Post für uns verwahrt. Der Barackenälteste händigte die angekommenen Karten sogleich aus. Glückliche Gesichter bei den Empfängern. Eine wundersame Bescherung: Post gerade am Heiligen Abend. Das war eine Freude! - Ich ging leer aus. Damit musste man leben; mal traf es den einen, mal den anderen. - Plötzlich jedoch, völlig überraschend und ganz unerwartet, stürmte Bruno Plauschien durch den Mittelgang der Baracke auf mich zu und schrie erregt, in der Hand eine Postkarte schwenkend: «Sie leben, sie leben! Ich habe Post von der Mutter!» - Der Krieg hatte Mutter und Geschwister aus Ostpreußen in ein kleines holsteinisches Dorf vertrieben. Dort lebten sie nun. Durch den Suchdienst des Roten Kreuzes hatten sie, nach mehr als sieben Jahren, den Sohn und Bruder ausfindig gemacht.

Bruno betrachtete fortwährend die ein wenig ungelenken Zeilen auf seiner Karte. Er war glückselig, und in seinen Augen war ein nie gesehener Glanz. Alle, die um sein Schicksal wussten, freuten sich mit dem jungen Kameraden.

An diesem Heiligen Abend 1952 hockten wir noch lange zusammen, erzählten von zu Hause, und in Gedanken waren wir daheim bei unseren Lieben. Bruno saß neben mir. Aller Wirklichkeit entrückt schaute er immer wieder auf die Postkarte in seiner Hand und wiederholte ständig nur den einen Satz: «Das ist mein schönstes Weihnachtsgeschenk, mein schönstes Weihnachtsgeschenk!»

Elisabeth Gerke
Weihnachten 1944

Es war immer noch Krieg, und mit jedem Tag wurde unser Leben trauriger und trostloser. Um uns herum Hunger, Bomben und Tod. Viele Menschen hatten ihre Heimat und ihr Obdach verloren und wussten nicht wohin.

Ich war neunzehn Jahre alt und wurde einberufen, um als umgeschulte Schlosserin bei einer Hamburger Schiffswerft zu arbeiten. Es war eine harte Zeit. Um sieben Uhr begann mein Arbeitstag am Schraubstock. Der Weg zur Arbeit war weit und der Winter, wie alle Kriegswinter, besonders kalt und lang.

Nun nahte das Weihnachtsfest, und das bescherte uns einen freien Tag. Am 24. Dezember durften wir schon um die Mittagszeit unseren Schraubstock verlassen. Der 2. Feiertag war für uns wieder ein Arbeitstag.

So konnte ich bei meiner Mutter, die fünfzig Kilometer von Hamburg entfernt wohnte, das Weihnachtsfest verbringen. Die Bahnstrecke war einige Male durch Bombentrichter unterbrochen, sodass wir immer wieder marschieren mussten. Am späten Nachmittag kam ich zu Hause an und wurde schon ungeduldig und sehnsüchtig von meiner Mutter erwartet. Außer mir kam niemand. Vater und Bruder waren im Felde, und es gab schon seit Wochen kein Lebenszeichen von ihnen.

Ich war nun total erschöpft und ausgehungert zu Hause angekommen und hatte nur den einen Wunsch, mich auszuruhen.

Aber es kam ganz anders.

Am Verhalten meiner Mutter hatte ich schon bemerkt, dass sie etwas Außergewöhnliches mit mir vorhatte.

In unserem Bekannten- und Freundeskreis gab es keinen einzigen Mann. Sie waren Soldaten, vermisst oder nicht mehr am Leben. Meine Mutter hatte nun die Idee, ich könnte die Kinder als Weihnachtsmann bescheren. Sie hatte es bereits überall verkündet. Mir blieb also gar keine andere Wahl. Die Verkleidung war schon hergerichtet, was zu der Zeit sehr schwierig war. Ehe ich mich versah, fand ich mich als Weihnachtsmann vor dem Spiegel wieder. Wirklich wunderschön.

Meine Mutter hatte alle Pakete bei den Familien eingesammelt und sie in einen riesigen Kartoffelsack gesteckt.

Nun schulterte ich den Sack und marschierte zu den nächsten Nachbarn. Die Kinder sagten artig ihre Gedichte auf, und ich fuchtelte mit der Rute herum. Die Kinder hatten mich nicht erkannt. Die Generalprobe hatte ich bestanden. Doch bevor ich mich verabschiedete, musste ich einen Schnaps trinken. Glühend heiß rann er mir die Kehle hinab. Es war selbst gebrannter Rübenschnaps.

Nun klopfte ich bei der nächsten Familie. Die Kinder sahen mich etwas beklommen an, vielleicht hatten sie sich den Weihnachtsmann etwas anders vorgestellt. Größer und dicker vielleicht. Ich war klein und zu der Zeit ganz dünn. Nach dem üblichen Ablauf mit Gedichten und Weihnachtsliedern wurde mir ein wunderbarer Johannesbeerlikör gereicht, und da ich ihn so lobte, musste ich noch einen zweiten trinken. Allmählich wurde ich etwas weich in den Knien, und die Zunge wurde schwer. Mit der nächsten Familie, die ich aufsuchte, waren wir verwandt und auch befreundet. Dort waren zwei kleine Mädchen zu bescheren. Die beiden Kleinen starrten gebannt auf meine Stiefel und sagten: «Du Weihnachtsmann, unsere Tante

Meta hat ganz genau solche Stiefel wie du.» (Die Tante Meta war meine Mutter.) Die Mutter der Kinder rettete die Situation. Sie sagte ihnen, dass es viele derartige Stiefel gibt. Auch hier wurde ich mit einem Schnaps verabschiedet.

Gott sei Dank hatte ich nur noch zwei kleine Päckchen in meinem Sack. Inzwischen war ich so beschwipst, dass es mir schwer fiel, den Kurs zu halten. Es war stockfinster draußen, und ich hatte große Mühe, das letzte Haus zu finden. An diese Bescherung kann ich mich auch nur verschwommen erinnern.

Mit dem leeren Sack und in einem ziemlich schlimmen Zustand kam ich wieder zu Hause an. Meine Mutter hatte inzwischen unser kärgliches Mahl zubereitet und liebevoll den Tisch gedeckt. An unserem Tannenbäumchen brannten zwei Kerzen, mehr gab es nicht. Alles drehte sich um mich, und ich fiel wie tot auf das Sofa.

Das Festessen musste auf den nächsten Tag verschoben werden, und unsere eigene Bescherung fiel sowieso aus, denn es gab nichts zu bescheren.

Dieses war das einzige Kriegsweihnachten, an das ich mich oft und gerne erinnere. Die Geschenke für die Kinder waren so ärmlich und bescheiden, aber die Kinder waren glücklich darüber, dass ein richtiger Weihnachtsmann sie ihnen gebracht hatte.

Ingrid Hüffel

Abschied

An einem Wintermorgen aufzuwachen war für mich immer das Allerschönste. Zuerst fielen mir die Helligkeit und die Ruhe auf. Die Welt war ringsum in Watte verpackt: leise und weich. Und wenn dann noch die Sonne schien, nahm ich mir kaum Zeit zum Frühstücken und stürmte hinaus.

Meine Weihnachtserinnerungen an einen Morgen des Jahres 1944: drei Tage vor Heiligabend, ich war damals neun Jahre alt. An diesem Morgen stand ich sehr früh auf und versuchte, aus dem Fenster zu schauen. Es war dick mit kunstvollen Eisblumen bemalt. Ich probierte es mit kräftigem Hauchen und anhaltendem Kratzen und machte mir so kleine Gucklöcher in die Welt. Dann zog es mich doch hinaus auf die Straße. Von den Freunden war niemand zu sehen. Jetzt waren die Wiesen zugefroren, die riesigen Eisflächen verwandelten wir in Rutschbahnen. Die gefürchtetsten Bahnen nannten wir Todesbahnen, die waren aus blankem Eis und führten einen Hang hinab, sogar unter Stacheldraht hindurch. Ich rutschte eine Weile, bis die Freunde kamen. Dann rodelten wir.

Sobald es dunkel wurde, gingen wir mit unseren ausgehöhlten Kürbissen die Straße entlang. Wir hatten Gesichter hineingeschnitten und ein Licht in die Höhlung gestellt, das jetzt angezündet wurde, und die Kürbisse auf Besenstiele gesteckt, damit schlichen wir in dunkle Treppenhäuser, um die Bewohner zu erschrecken. Dazu sangen wir «Morgen, Kinder, wird's was geben». Diese erleuchteten Kürbisse mit den wenigen großen Zähnen sahen für mich wie Geister aus, und insgeheim gruselte mir ein bisschen vor ihnen.

Nur weil es so frostklar war und ich schon vor Kälte heulte, trennte ich mich an diesem Tage früher von den anderen. Erst war es wie immer, als ich nach Hause kam. Es duftete nach Plätzchen und Tannengrün. Mutti zog mir die nassen Sachen aus, hängte sie am geheizten Kachelofen zum Trocknen auf und rubbelte mir die kalten Füße warm. Im Ofen brutzelte ein Bratapfel für mich: mit Zimt und Zucker. Aber jetzt sagte mir Mutti, sie habe Schiffskarten bekommen. In drei Tagen müssten wir unsere Heimat verlassen. Ihre Stimme klang so anders. Hastig verließ sie das Zimmer. Nach dem Essen wollten wir Weihnachtslieder singen. Aber ich bekam keinen Ton heraus, nur ein Gekrächze. Ich beugte mich über meine Stickerei: ein Deckchen für Oma Anna. Das Deckchen für Mutti lag bereits fertig verpackt in meinem Schrank. Mutti stopfte meine Strümpfe. Wir sollten von hier fortgehen? Warum? Was sollte ich mitnehmen? Ich würde alles zurücklassen müssen: meine Puppen, Puppenstube, Kaufmannsladen. «Mutti, fahren die anderen Familien auch weg?» Das wusste Mutti nicht. Sie hatte die Schiffskarten von einem früheren Schulfreund bekommen. Aber unsere Nachbarin mit ihren drei Kindern durfte mit uns fahren.

Von jetzt an sprach Mutti kaum mit mir; sie wirkte verstört. Mit Lydia, Vera und Gisela rückte ich näher zusammen. Wir schliefen sogar alle in deren Schlafzimmer. Während wir Kinder schlafen sollten, packten Frau Röhl und Mutti alles ein. Wir unterhielten uns noch lange darüber, was uns wohl geschehen würde. Ich fühlte mich wie gelähmt vor Angst.

Es war das gleiche Gefühl wie damals, als wir die Nachricht vom Tod meines Papas erhielten. Es klingelte, und ein Parteifunktionär gab Mutti einen Brief. Mutti konnte nicht sprechen, sie weinte nur. Tagelang. Ich konnte es mir nicht vorstellen, dass Papa nicht mehr leben sollte.

Am frühen Heiligabend schlenderte ich mit meinem Schlitten die Straße hinunter. Die anderen Kinder waren wieder noch nicht draußen. Eine alte Frau kam mit zwei Koffern, die sie immer wieder absetzte, auf mich zu. «Ich will zum Hafen», sagte sie. «Könntest du mein Gepäck auf deinen Schlitten laden?» Dass Mutti gesagt hatte, ich sollte in der Nähe bleiben, war vergessen. «Natürlich mache ich das.» Je länger ich den Schlitten zog, desto kälter wurde mir. Plötzlich fiel mir ein: Ich hatte Mutti nicht Bescheid gesagt. Dicke Flocken wirbelten hernieder. Vom Hafen hörte ich das Tuten der Schiffe. «Weiter kann ich nicht mitkommen, ich muss nach Hause.» Ein Fünf-Mark-Stück fiel in meinen Handschuh. Dann lief ich sehr schnell, sodass mein Schlitten hinter mir herhüpfte. Als ich mich kurz ausruhte, besah ich mir mein Geldstück. Wie es glänzte! Auf einmal war es nicht mehr da. Meine Hände waren so steif gefroren und schmerzten, sodass ich sie zum Suchen nicht bewegen konnte. Das Geldstück blieb von den Schneemassen verschluckt. Das Schneetreiben wurde immer stärker. Meine Tränen vermischten sich mit den Schneeflocken, die mir ins Gesicht flogen.

Als ich zu Hause ankam, hatte auch Mutti verweinte Augen und schimpfte: «Ich habe dir doch gesagt, du sollst in der Nähe bleiben! Ich habe mir solche Sorgen um dich gemacht! Jetzt musst du dich beeilen. Das Schiff wartet nicht.» Unser Schiff. Ich hatte es ganz vergessen! Alle Unterwäsche, die ich besaß, musste ich übereinander anziehen, darüber drei Pullover, eine Strickjacke und einen Mantel. Meine Lieblingspuppe Amanda quetschte ich noch in meinen Rucksack hinein. Mutti ging noch ein letztes Mal durch alle Räume und schloss dann schnell die Wohnungstür ab.

Unsere Gruppe bestand aus zwei Erwachsenen und vier Kindern, jeder trug sein Gepäck auf dem Weg zum Hafen.

Ich habe vergessen, was ich damals geschenkt bekam. Heute weiß ich es: Mein Weihnachtsgeschenk war mein Leben.

Heidemarie Koch

In einer kleinen Stadt in Bayern

Vierzehn Tage vor Weihnachten 1956 wagten meine Eltern mit mir und meinen zwei jüngeren Geschwistern die Flucht in die Freiheit. Die Freiheit war für uns ein kleines romantisches Städtchen in Bayern.

Über die Angst und Strapazen, die wir vorher hatten, will ich nicht weiter berichten.

Wir kamen in ein verschneites, weihnachtlich geschmücktes Örtchen. Für uns Kinder ein Traum wie im Märchen. Was wir in Hülle und Fülle zu sehen bekamen, konnten wir kaum verkraften. Stundenlang liefen wir durch die Straßen und drückten uns an den Schaufensterscheiben die Nasen platt.

Hilfsbereite, nette fremde Leute gaben uns eine kleine Stube, ein paar Kohlen und das Nötigste zum Leben. Es war Nächstenliebe, wie ich sie mit meinen siebzehn Jahren noch nie erlebt hatte.

Trotz aller Freude über unsere gelungene Flucht, über unsere gewonnene Freiheit und über unsere Unterkunft merkte ich, dass meine Mutti nach ein paar Tagen immer stiller und trauriger wurde. Zuerst begriff ich nicht, was der Grund war, weil mich all das Neue zu sehr gefangen nahm. Eines Abends erfuhr ich ihn, als sich meine Mutti bei meinem Vater ausweinte. Es war für sie furchtbar, das Paradies vor Augen zu haben, aber für ihre Kinder fiel nichts ab, denn keiner hatte Arbeit, und die Unterstützung war knapp.

Sechs Tage vor Weihnachten bekam ich durch Zufall

Beschäftigung in einem Hotel. Am Tag kümmerte ich mich um einen kleinen zweijährigen Jungen, und abends half ich noch in der Küche aus. Mein Lohn reichte gerade für die tägliche Verpflegung und ein kleines Taschengeld.

Der Heilige Abend kam. Meine Mutter erstand ein kleines Bäumchen, für jedes Kind eine Tafel Schokolade, eine Apfelsine, und Kartoffeln, Brot und Butter und Schokoladenpudding waren auch da. Wir Kinder, so glaube ich, waren sehr zufrieden, aber meiner Mutti schnürte es das Herz ab.

Da geschah das erste Wunder. Als mein Dienst zu Ende war, bekam ich eine Flasche Wein, einen Christstollen, eine Tüte Gebäck und verschiedene Kleidungsstücke geschenkt. Ich war überglücklich und machte mich auf den Heimweg. Unterwegs malte ich mir aus, wie ich alles schön unter den Baum legen würde. Ich merkte nicht, dass meine Hände immer kälter wurden, denn Handschuhe hatte ich nicht.

Jetzt war ich da. Schnell die Haustür auf und zu dem Tannenbaum. Da passierte es. Meine kalten Hände konnten die glatte Flasche nicht mehr halten, und mit lautem Knall fiel sie auf das Kopfsteinpflaster. Ich lehnte an der Hauswand und weinte bitterlich. Meine heimliche Überraschung lag nun vor mir. Bloß gut, dass es schon dunkel war und es keiner sah, dachte ich. Doch da irrte ich mich. Gegenüber, rechts, links und über mir, wurden ein paar Fenster hell.

Jemand hielt mich im Arm und tröstete mich. In wenigen Sekunden hatte ich mehrere Flaschen Wein, warme Handschuhe, Schokolade und vieles andere. Meine ganze Familie wurde zum Festessen eingeladen. Eine Frau nahm uns mit nach Hause. Noch heute, nach über 30 Jahren, sehe ich ihr Wohnzimmer vor mir. Es war der Stall von

Bethlehem mit Tieren und Königen und allem, was dazugehört. Mit glänzenden Augen sahen wir uns an und konnten das Wunder kaum fassen. Weihnachten, das Fest des Friedens. In einer kleinen Stadt in Bayern wurde es zur Wirklichkeit.

Anneliese Böckenhauer
Der Stern zu Bethlehem

Dereinst in jener dunklen Nacht
ein Hirte bei den Schafen wacht,
als plötzlich er, zum Greifen nah,
den schönsten Stern am Himmel sah,
nie sah zuvor sein Angesicht
ein solches überirdisch Licht.
In dieser Nacht, so wunderhell,
erschien der Engel Gabriel,
die frohe Botschaft zu verkünden,
dass fern im Stall ein Kind zu finden,
und selbiges, das heut' noch klein,
sollt' aller Welt Erlöser sein.
Die Hirten sprachen: «Lasst uns geh'n,
wie wundersam ist dies Gescheh'n,
lasst uns das Kindelein beschenken,
der Stern wird uns're Schritte lenken»;
und als man nun erreicht das Ziel,
man vor dem Kinde niederfiel,
dasselbige, so klein und zart,
war doch von königlicher Art,
und keine Gabe, noch so klein,
schien diesem Kind gering zu sein.
Gar viele Jahre ist es her
seit jener wundersamen Mär.
Es ruhte nicht des Menschen Geist,
ein jeder weiß, was Fortschritt heißt.
Die Technik sorgt zu uns'rer Zeit

für mancherlei Bequemlichkeit,
doch ist nicht uns'rer aller Leben
auch in der Technik Hand gegeben?
Treibt uns erbarmungslos voran,
bis ihr die Erde untertan,
dass nicht der Mensch der Technik Herr,
nur allenfalls ihr Sklave er.
Das Kind, zu Bethlehem geboren,
ging manchem Menschen ganz verloren.
Drum lasst den Stern uns wieder finden,
auf dass das Kind nicht mög' entschwinden,
verdeckt durch manche Dunkelheit
und durch den Fortschritt uns'rer Zeit
erglänzt er dennoch hell und schön
für den, der Augen hat zu sehn.
Drum lasst uns finden diesen Stern,
auf dass er führe uns zum Herrn,
wie dieser einst der Hirtenschar
ein Führer und Begleiter war.
So möge denn auch uns er führen,
auf dass den Weg wir nicht verlieren,
und Friede kehre bei uns ein,
dass wieder Weihnacht möge sein.

Margit Müller
Weihnachten in Portugal

Weihnachten einmal ganz anders erleben, das wollten wir, wenn die Kinder groß sind und ihre eigenen Wege gehen.

Warum also nicht die seit Jahren bestehende Einladung portugiesischer Freunde annehmen und vom deutschen Winter in den Frühling nach Portugal reisen? Weihnachten mit Einheimischen feiern, nicht als Tourist in irgendeinem Hotel.

Den ersten und zweiten Advent verleben wir noch in Deutschland. Voller Weihnachtsvorfreude, Abenteuerlust und altmodischer Adventsstimmung brechen wir Mitte Dezember per Pkw auf.

Wir weichen in Südfrankreich und Nordspanien von unserer Reiseroute ab, um Städte und Menschen zu erleben. Lichterketten, zu Sternen, Engeln und Bäumchen geformt, sind zwischen den engen Häuserzeilen gespannt, aber welch ein Überschwang in der Dekoration herrscht dagegen bei den Portugiesen! Die Geschäftsstraßen sind bunt mit Lichterketten, beleuchteten Heiligenbildern, Engeln und Weihnachtsmännern in allen Farben geschmückt. Tausende von bunten Birnchen flackern und strahlen um die Wette. Ständig steht ein Arbeiter auf ungesicherter Leiter, um defekte Glühlämpchen zu ersetzen. Große Lautsprecher sind an den Straßenecken angebracht, aus denen laut internationale Weihnachtslieder ertönen. Auch Klassik auf der Panflöte ist zu hören. Die lustigen portugiesischen Weihnachtslieder sind wohl nicht gefragt? Wir erstehen eine Kassette mit alten portugiesischen Weisen und freuen uns an der «Allergie», die aus der Melodie entgegentanzt. Weihnachten, das Fest der Freude … den Leuten, die hier fast hektischer als bei uns durch die festlichen Straßen hasten, sieht man davon nichts an.

Wir haben eine separate Wohnung im Hause unserer Freunde und denken, dass wir deshalb gar nicht viel von Weihnachtsvorbereitungen mitbekommen. Doch «Vorbereitungen» sind nicht die Art dieser Mentalität, hier hat man erst in letzter Minute die Ideen und setzt sie dann aber sofort in die Tat um. Oder ist es der traditionelle Ritus, der in einer guten Stunde erledigt wird?

Selbst große Märkte, wie der donnerstags in Barcelos, sind zur Weihnachtszeit nicht anders als sonst, abgesehen von ein paar Ständen, die zusätzlich Lamettagirlanden in allen Farben, Weihnachtskarten und Sterne in ihr Angebot aufgenommen haben. Bei einem Keramik-Händler entdecken wir auch Weihnachtskrippen, der Stall aus Korkplatten, die Krippe mit Ähren ausgelegt und handgefertigten kleinen Figuren in ungeahnter Vielfalt. Wir suchen uns die schönste aus und brauchen dazu nun aber auch einen Weihnachtsbaum, unter den wir sie stellen können. Weihnachtsbäume sind nicht üblich und nur auf Bestellung teuer zu bekommen.

Das Wetter ist alles andere als frühlingshaft: Unwetter verwüsten in diesen vorweihnachtlichen Tagen den Norden Portugals. Dieses Unwetter jedoch verhilft uns unversehens zu unserem Weihnachtsbaum. Auf der Rückfahrt vom Markt, total durchnässt und niedergeschlagen, fällt uns die abgeknickte Krone einer kleinen Kiefer vors Auto und wird spontan zu unsrem Weihnachtsbaum erkoren. Ein paar zusätzliche Zweige stecken wir zum unteren

Kranz in den mit Sand gefüllten Eimer und basteln uns so ein Weihnachtsbäumchen, das in den kommenden Tagen viel Bewunderung findet. Geschmückt mit kleinen harten, roten Äpfeln von der Marktfrau, gehäkelten Herzen aus weißem Glanzgarn und den unübertroffenen drei noch original-angewachsenen Zapfen, darunter der Rohkorkplatten-Stall, erstrahlt unser Bäumchen in Rot-Weiß-Grün, und wir sind zufrieden. Kerzen gibt es hier sehr wenig, und sie sind teuer, elektrische bunte Ketten «made in China» sind auch in Portugal in, deshalb beschränken wir uns auf zwei große weiße im Keramikleuchter und laden unsere Bekannten am Heiligabend zwischen 18 und 19 Uhr zur «deutschen» Stunde ein. Einzeln, wie sie kommen, wenn es ihre Über-Betriebsamkeit erlaubt, bewirten wir sie mit Teepunsch, Pfefferkuchen und Plätzchen, die wir hier nach deutschem Rezept mit portugiesischen Zutaten und vor allem Verzierungen gebacken haben. Alle Familienmitglieder und Freunde sind sehr abgehetzt, kommen aus der Küche oder vom Einkaufen. Die Geschäfte sind am Heiligabend, der diesmal auf einen Sonntag fällt, noch bis spätabends geöffnet, und sehr viele kaufen jetzt erst ihre Geschenke. Bei Kerzenschein und deutschen Weihnachtsliedern, die einige noch aus ihrer Gastarbeiterzeit in Deutschland kennen, entspannt sich jeder sichtlich. Die allgemeine Reaktion «Ach, ist das gemütlich» lässt uns schmunzeln, und dann werden wir mitgenommen zum traditionellen Bacalhau-Essen. Bacalhau ist eine Art Kabeljau, noch auf See gepökelt und auf großen Holzgerüsten (früher am Strand, jetzt in Trocknungsanlagen) getrocknet. Salzstarrende Filets von fünf und mehr Kilo, manchmal 1/2 qm große, flache Fischbretter, werden tagelang gewässert und dann mit Blattkohl und Kartoffeln zu einem Eintopf gekocht, dem Essen, das man Heiligabend in fast allen Familien in Nord-Portugal isst. Dazu eine Soße aus Öl, gehacktem Knoblauch und Zitronensaft. Es schmeckt uns, dazu gibt es Weißwein, einen naturreinen, vollmundigen Eigenanbau von der Quinta. Das üppige Dessert aus den Lieblingsspeisen des ganzen Jahres zusammengestellt, rundet das Mahl ab. Mit vielen kleinen Leckereien, Lachen und Champagner-Trinken vertreibt man sich die Zeit bis zur Bescherung um 23.00 Uhr. Eine ausgelassene Stimmung herrscht bei Groß und Klein, und eigentlich wollte man anschließend die Mitternachtsmesse besuchen. Das fällt aber wegen Regen und Sturm aus.

Am Weihnachtstag, dem Hauptfest in Portugal, versuchen wir, in eine der Vormittagsmessen zu kommen, alle sind überfüllt.

Vor dem Altar ist eine riesige Krippenlandschaft aufgebaut, total dieser Landschaft nachempfunden mit großen Keramik-Figuren, die hier in der Gegend hergestellt werden. Das Jesuskind wurde in der Mitternachtsmesse auf ein dickes Bett aus Weizenähren feierlich gebettet. Die üppige Dekoration mit rosa Gladiolen, weißen Nelken und Kamelien um die Krippenlandschaft wirkt auf uns sehr fremd. Soli, von schönen Stimmen ganz natürlich vorgetragen, beeindrucken, und nach der Kommunion hält der Pfarrer das Jesuskind auf einem reich bestickten Steckkissen hoch, damit es jeder, der will, küssen kann – und das sind fast alle. In dieser Kirche, die außen einem Schiffsbug nachgebaut wurde, steht auf der anderen Seite noch eine Missionsschwester mit einem schwarzen Christkind, zu dem vor allem die Kleinen drängen.

Um 13.00 Uhr (in Deutschland ist es jetzt schon 14.00 Uhr) werden wir zum Festmenü erwartet. Der Fernseher läuft, die Heiz-Radiatoren auch, bis dann die Sicherungen durchbrennen, weil sie den Fön, den die Töchter gerade gebrauchen, nicht mehr verkraften. Große Stille und Staunen kehren ein. Mit Bedacht wird alles wieder eingerenkt, man kennt solche Situationen zur Genüge. Nach zweistündigem Schlemmen - uns kommt es vor, als wenn alle Spezialitäten des Landes aufgefahren würden - es fehlen weder weißer noch schwarzer Reis, die Innereien, Pute, Fisch, pikante Ziegenkeule, Kohl, Rote Bete, Tomaten, Gurken und Blattsalat. Die Krönung des Nachtisch-Super-Angebots ist am Weihnachtstag der «Bolo Rei», ein Königskuchen als Hefekranz. Mit Unmengen von Mandeln, Rosinen und Zitronat sowie einer Bohne, versteckt für den, der im nächsten Jahr einen Bolo Rei spendieren muss (die hab ich), und einem kleinen Geschenk als Glücksbringer eingebacken. Das ganze Prachtstück ist mit kandierten Früchten in leuchtenden Farben verziert, dazu gibt es portugiesischen Schaumwein vom Besten - meio seco.

Nachmittags wird uns dann noch die neue Fünf-Zimmer-Penthouse-Wohnung gezeigt; im siebten Stock des Nachbarhauses mit unverbautem Blick auf die tosende Meeresbrandung, Strand und Grün. Seit vierzehn Monaten ist sie bezugsfertig, aber noch nicht eingerichtet mangels Zeit zum Möbelaussuchen. Ja, als man noch in Deutschland lebte, da hatte man Zeit, keine Geldsorgen, immer pünktlich Feierabend und ein freies Wochenende. Für die Kinder sorgte ein Kindermädchen, gesellschaftlich war man aktiv und freute sich auf die Ferien in Portugal. Heute muss man in der eigenen Fabrik arbeiten wie ein Esel und kann nichts von seinem Wohlstand genießen. Solche Gedanken drängen sich auch dem Besucher auf und den Betroffenen wohl nicht nur zu Weihnachten.

Weihnachtsstimmung, ruhige Gespräche in der Familie, das können wir hier kaum entdecken. Jeder hat sein

Programm. Beim Kirchgang am Abend des ersten Feiertags muss man auch ohne die «Kinder» auskommen. Einen zweiten Feiertag gibt's in Portugal nicht. Wir gestalten ihn uns ruhig und wetterentsprechend inside, denn die nächste Grippe schickt ihre Boten voraus.

Einmal ganz anders wollten wir Weihnachten erleben – und das haben wir. Aber schon dort begann der Entschluss zu reifen: Nächstes Jahr feiern wir wieder Weihnachten daheim! Und den «Bolo Rei» schicke ich mit den Weihnachtsgrüßen per Post nach Portugal …

Alfred Henkmann
Heiligabend beim Michel 1948

Heiligabend 1948 in Hamburg. Ich war erst wenige Wochen zuvor aus langjähriger Kriegsgefangenschaft heimgekehrt, zweiundzwanzig Jahre alt und ohne ein rechtes Zuhause. Niemand wartete auf mich, es gab kein Weihnachtszimmer und keinen Tannenbaum.

Während anderswo der Heilige Abend gefeiert wurde, Kerzen am Baume Hoffnung verhießen, wanderte ich spätabends durch die fast menschenleere, zerbombte Stadt, stieg hier und da in eine kaum besetzte U-Bahn ein, nach ein paar Stationen wieder aus, ging weiter, hörte Kirchenglocken von nah und fern durch die fast gespenstisch wirkende Stille der zerstörten Stadt rufen, traf kaum auf Menschen, sah aber noch vereinzelt Tannenbäume in den Fenstern der heil gebliebenen Häuser leuchten, und manchmal hörte ich die leisen Klänge eines Weihnachtsliedes. Es ging bereits auf Mitternacht zu.

In meiner Ziellosigkeit war ich in der Neustadt gelandet und befand mich plötzlich am Eichholz, zu Füßen des Michels.

Groß und dunkel ragte der mächtige Schatten des Turmes in den nachtschwarzen Himmel.

Kaum ein Laut.

Ich lehnte mich an eine Hauswand im Eichholz und sah schweigend hinauf zum Turm.

Ich weiß nicht mehr, wie lange ich dort stand und traurigen Gedanken nachhing, die Fenster der umliegenden Häuser waren inzwischen fast alle dunkel geworden.

Stille. -

Da aber plötzlich begann die Turmuhr des Michels zu schlagen! Zwölfmal!

Und dann geschah etwas Wunderbares! Hoch vom Turm her erklang ein Trompetenchoral und jubilierte zärtlich durch die Stille der Heiligen Nacht.

Der Türmer von Sankt Michaelis. -

Noch lange nachdem der letzte Trompetenton verklungen war, lehnte ich stumm an meiner kalten Hauswand und sah hinauf zu dem nun wieder schweigenden Turm.

Und als ich endlich davonging, da war wieder Hoffnung in meinem so wehen Herzen.

Liselotte Neve
Das Christkind kam schon morgens

Es war am 24. Dezember. Ich saß mit meinem Mann gemütlich am Frühstückstisch, als mir auf einmal einfiel: An alles hatte ich gedacht – das aber hatte ich vergessen! Ich sprang so hastig auf, dass mein Mann, der seine Zeitung las, das Blatt fallen ließ.

«Was ist denn nun passiert?», fragte er.

«Ich habe vergessen, die bei ‹Tante Emma› bestellten Feigen, Mandeln, Nüsse, na, eben alles, was für dich zu Weihnachten gehört, abzuholen.»

«Keine Bange!», beruhigte er mich. «Die bei ‹Tante Emma› werden deine Riesentüte gegen alle anderen Kunden verteidigen. Reg dich bloß nicht auf. Geh jetzt schon los, überall wird Gedränge sein. Das Geschirr kannst du stehen lassen, das bring ich in die Küche. Und dann werde ich den Baum putzen!»

Ich steckte Geld in die Manteltasche, zog mir die dicke Pudelmütze über die Ohren und holte Wollhandschuhe aus dem Schrank. Es war in den letzten Tagen empfindlich kalt geworden. Am Himmel hingen dicke Wolken. Würden wir Schnee kriegen, damit es richtig weihnachtlich aussah? Ich trabte munter voran, da fiel mir ein, dass ich Manfreds geliebten Weihnachtskuchen in den Ofen geschoben hatte. Ich sah auf die Uhr. In zwanzig Minuten würde ich wohl noch nicht zu Hause sein, besser wär's, Manfred anzurufen. Wie gut, dass an der Ecke die Telefonzelle war. Ich kannte sie gut, hier trafen wir Freundinnen uns jeden Mittwoch, wenn wir zum Turnen gingen.

Ich hatte Glück, die Zelle war leer. Ich nahm den Hörer ab und wollte anfangen zu wählen, als mein Blick auf eine große an der Wand gelehnte Einkaufstasche fiel. Ich legte den Hörer zurück, öffnete die Tür und guckte mich um, ob da nicht aus irgendeiner Richtung jemand mit Riesenschritten zur Telefonzelle lief. Aber niemand war zu sehen. Alle Leute eilten an mir vorüber, keiner war an der Telefonzelle interessiert. Komisch, dachte ich, wenn man eine Tasche mitnimmt, dann vermisst man sie doch, wenn sie nicht immer zur Hand ist. Ich schloss die Tür und blieb vor der Tasche stehen. Dann faltete ich sie auseinander und dachte, mir würde das Herz stehen bleiben – ein Baby lag in der Tasche! Zwar sah ich nur das winzige Köpfchen, das kleine Wollmützchen war etwas verrutscht, und dunkles Haar war sichtbar. Noch einmal öffnete ich die Tür und guckte mich um, aber niemand steuerte die Zelle an. Da wählte ich die Notrufnummer und hörte schon im nächsten Augenblick die feste Stimme eines Polizisten. Ich erzählte ihm von meinem Fund in der Telefonzelle.

«Bleiben Sie in der Zelle. Wir sind in wenigen Minuten da», sagte der Mann am anderen Ende der Leitung. Dann knackte es. Ich legte auf und lehnte mich gegen die kalte Glaswand. Ich starrte auf die große Tasche. Da lag ein Kind. Ein winziges Baby – es war vergessen, oder – war es ausgesetzt?

Wenige Minuten später wurde die Tür geöffnet. Ein Polizist kam herein. «Das ist die Tasche, ja?» Er wartete nicht auf meine Antwort, schüttelte den Kopf und murmelte: «Stimmt also. Mal wieder ist da ein Kind ausgesetzt, man sollte …» Er sprach nicht weiter, nahm die Tasche hoch, öffnete die Tür. «Ich muss Sie bitten mitzukommen, Frau …», sehr freundlich lächelte er mir zu. Ich nannte meinen Namen und fragte: «Wohin fahren wir denn? In ein Krankenhaus?»

«Nein, zu meiner Behörde. Die entscheidet, wie's weitergeht.»

Im Polizeiauto mit Tatütata rasten wir durch die Straßen. Vor einem großen Haus angekommen, sprang der Polizist heraus. «Ich melde mich wieder, wenn dies hier erledigt ist», sagte er zu seinem Kollegen am Steuer, nahm die Tasche, die er während der Fahrt auf seinen Knien gehalten hatte, und winkte mir zu.

Mit dem Fahrstuhl fuhren wir etliche Stockwerke hinauf, gingen durch einen langen Gang, um viele Ecken, bis wir in einem großen Zimmer angelangt waren. «Hier», sagte er, hob die Tasche auf den Tisch und öffnete sie weit. «Schon wieder ein ausgesetztes Kind. Dieses Mal fanden wir es in einer Telefonzelle. Den Leuten fällt doch immer wieder etwas Neues ein. Es ist furchtbar!»

Eine große schlanke Dame in einem glänzend geschnittenen Kostüm war inzwischen ins Zimmer gekommen. Sie ging zur abgesetzten Tasche, nahm das Kind heraus und schob die warme Wolldecke etwas beiseite. «Wenigstens hat man dich warm eingepackt, du kleines Etwas», sagte sie mit warmer Stimme. «Ich gehe jetzt ins Untersuchungszimmer. Nehmen Sie doch bitte Platz», sagte sie zu mir und dem Polizisten und zeigte auf die freien Stühle.

«Dolle Sache», sagte der Polizist nachdenklich, als wir nebeneinander saßen, und sah mich an. «Aber was ist denn mit Ihnen? Sie weinen ja!»

Ich schluckte tapfer. «Wie kann man so etwas tun! Ein wehrloses Kind aussetzen!»

«Was glauben Sie, was ich so in meinem Beruf erlebe! Romane könnte ich schreiben, aber keine fröhlichen!» Er schüttelte den Kopf und wollte weitersprechen, als ein junger Mann hereinkam.

«Die Frau Doktor schickt mich. Ich muss mal eben Ihre

Daten aufnehmen, meine Dame, Alter, Wohnort und so weiter - darf ich bitten?», und er fragte das, was er wissen musste, und ich war froh darüber; das war besser, als immer auf die leere Tasche zu gucken.

Es dauerte nicht mehr lange, und die Frau Doktor kam zurück.

«Es ist ein Mädelchen, ein ganz gesundes kleines Mädchen. Nora heißt sie und ist am Sonntag vor vierzehn Tagen geboren. In der dicken Wolldecke fanden wir diesen kleinen Zettel», sie zeigte ihn uns kurz und fuhr fort: «Der kommt zu den Akten. Die Kleine ist gesund, soweit wir das in dieser sehr kurzen Untersuchung feststellen konnten: guter Herzschlag, gleichmäßige Atmung, alles in Ordnung. Die Kleine kann hier bleiben. Wir werden sie dann später in eines der Krankenhäuser bringen, da muss ich jetzt erst mal herumtelefonieren, wer sie aufnehmen kann - der Platz! Das ist ja immer das Problem!»

Endlich konnte ich etwas sagen! Ich hatte bisher mit Mühe geschwiegen. Nun aber konnte ich nicht mehr stumm danebensitzen. «Ich bitte Sie, Frau Doktor, ich flehe Sie an - geben Sie mir das kleine Mädchen, mir und meinem Mann. Ich werde das Kind pflegen und hüten, als ob's mein eigenes Kind wäre. Ich erwartete dieses Jahr unser erstes Kind, aber vor drei Monaten erlitt ich eine sehr schwere Fehlgeburt ...», ich konnte nicht weitersprechen, die Tränen saßen zu locker. «Glauben Sie mir bitte, rufen Sie den Herrn Doktor Semmler vom Städtischen Kinderkrankenhaus an. Er war und ist mein Arzt, während der Schwangerschaft und auch später, als ich im Krankenhaus lag, er weiß alles. Ich flehe Sie an, geben Sie mir das Kind!»

Die Ärztin hatte mir schweigend zugehört. Sehr liebevoll legte sie den Arm um mich. «Wir dürfen gefundene Kinder nicht so einfach weitergeben. Aber ich werde Doktor Semmler anrufen. Wir kennen uns sehr gut. Mit ihm werde ich über Ihre Bitte sprechen. Warten Sie auf mich.» Sie gab der Schwester, die die ganze Zeit schweigend neben der Ärztin gestanden hatte, das Kind und ging ins Nebenzimmer. Nach kurzer Zeit kam sie zurück. «Sie haben Glück, Doktor Semmler war im Krankenhaus. Sie dürfen Nora mitnehmen für die kommenden Feiertage. Gleich im neuen Jahr werden wir dann diesen ‹Fall› bearbeiten. Aber haben Sie keine Angst, ich gucke zwischendurch mal daheim bei Ihnen herein, die Anschrift haben wir ja hier in den Akten. Ich muss doch sehen, wie unsere kleine Nora untergebracht ist und wie es ihr geht.»

Ich konnte nichts mehr sagen, ich hätte heulen können vor Glück. Die Ärztin verstand mich; ganz lieb drückte sie mir die Hand und nickte mir noch einmal herzlich zu, ehe sie das Zimmer verließ. Der Polizist hatte inzwischen das Kind übernommen, ganz vorsichtig hüllte er die Kleine in die warme Decke. «Hab selber drei Kinder großgezogen, da lernt man so etwas», sagte er gutmütig. «Noch habe ich die Verantwortung für unser kleines Prinzesschen. Wenn wir bei Ihnen zu Hause sind, kommt Nora unter Ihre Obhut. Was wird denn bloß der Papa sagen?»

Ja, dachte ich – was wird Manfred sagen?!

Manfred hängte die letzten Äpfel in den Baum, als ich mit dem Polizisten und der kleinen Nora im Arm leise ins Weihnachtszimmer kam.

«Bist du endlich da? Hast dich wohl festgeklönt, was? Den Kuchen habe ich rechtzeitig, als es klingelte, aus dem Ofen genommen, hast mir ja gar nichts davon vorher erzählt! Und was sagst du hierzu? Ist es nicht ein schöner Baum?» Und endlich wandte er sich um, ließ den Apfel zu

Boden fallen, den er noch in der Hand hielt, und sah mich mit fast erschrockenem Blick an.

«Das ist Nora - unser Christkind, das schönste Weihnachtsgeschenk für uns», sagte ich jubelnd. «Über die Feiertage dürfen wir sie behalten - vielleicht auf immer? Der Baum ist wunderschön - ach, Manfred, ich bin ja so glücklich», und ganz vorsichtig legte mein Mann seine Arme um uns beide, um mich und unsere kleine Tochter.

Nach ausgedehntem Papier- und Behördenkrieg konnten wir nach zwei Monaten die Taufe unserer Tochter CHRISTA im Kirchenbuch unserer Gemeinde eintragen lassen.

Gerhard Bahr
Der rettende Engel

Während meiner Studentenzeit verdingte ich mich als Gastarbeiter in England, um Erfahrungen zu sammeln und Geld zu verdienen. Gegen Ende des Aufenthalts erhielt ich zu meiner Freude eine Einladung der Universität Oxford, für eine Woche ihr Gast zu sein.

Eigentlich wollte ich zur Adventszeit wieder daheim sein; doch die Chance, eine der beiden bekanntesten englischen Universitäten kennen lernen zu dürfen, wollte ich mir nicht entgehen lassen.

Voller Erwartung traf ich in dem Städtchen an der Themse ein und meldete mich in dem betreffenden College.

Wie gewohnt betrat ich ein Zimmer der Verwaltung und zückte meinen Kugelschreiber, um ein Anmeldeformular auszufüllen. Ein fleißiger Büromensch sagte zu mir: «Anmeldung hier … nein … bitte folgen Sie mir!»

Na ja, dachte ich – da wirst du wohl deine Aufwartung beim Bürochef machen müssen … Wir gingen eine Treppe hinauf, dann öffnete der Bedienstete eine Tür zu einem Raum, dessen Einrichtung sehr vornehm war; dort konnte nach meinem Eindruck nur der Rektor residieren.

Zu meiner Überraschung wurde ich ihm tatsächlich höchstpersönlich vorgestellt. Der freundliche ältere Herr hieß mich willkommen, erkundigte sich nach meinem Befinden und fragte mich, ob mir die Unterbringung in seinem bescheidenen Gästezimmer genehm sei. Er führte mich in ein Studierzimmer, dessen Holzbalkendecke,

Kamin und Einrichtung aus dem Mittelalter zu stammen schienen.

An die vorweihnachtliche Zeit erinnerten mich eine Vase mit einem Mispelzweig sowie ein eiserner Kerzenstock mit einem Wachslicht. Dass das gemütliche Kaminfeuer seine Energie aus der Steckdose bezog, entdeckte ich erst später.

Ich durfte selbstverständlich an dem Studierbetrieb teilnehmen; er verlief etwa so, wie ich ihn mir in meiner Phantasie vorgestellt hatte. Aber die Gastfreundschaft erfuhr ich völlig anders als erwartet.

Zum Beispiel erschien jeden Morgen kurz vor dem offiziellen Wecken ganz leise der Prinzipal in meinem Zimmer, zündete die Kerze an und stellte ein kleines Schälchen mit Weihnachtsgebäck auf den Tisch. Er freute sich immer spitzbübisch, wenn er meinte, mich noch schlafend zu überraschen. Erst im Laufe der Zeit erfuhr ich, dass dieser freundliche Herr den internationalen Ruf eines hoch angesehenen Religionswissenschaftlers genoss.

Beeindruckend fand ich auch die Atmosphäre während der Hauptmahlzeiten. Die vegetarisch zubereiteten Speisen schmeckten mir übrigens vorzüglich; sie wurden nicht grüppchenweise in einer Mensa eingenommen, sondern in einem holzgetäfelten Speisesaal mit sehr langen Tischen und Bänken, an denen die Studenten, Dozenten und Professoren stets gemeinsam zu speisen pflegten. Bei Anwesenheit des Hausherrn musste ich als Gast an seiner Seite Platz nehmen.

Bei den Andachten im College fiel mir auf, dass ich einige Melodien der Adventslieder kannte.

Zur Einstimmung auf Weihnachten trug natürlich auch die Stadt mit den Kirchen und Gebäuden im gotischen Stil bei. Ich geriet immer mehr in eine Hochstimmung.

Eines Tages hieß es Abschied nehmen von merry old England. Ich fuhr nach London und gab dort in meinem jugendlichen Leichtsinn fast das gesamte restliche Geld für Weihnachtseinkäufe aus.

Dann begab ich mich auf die Fähre, um mit gemischten Gefühlen die christliche Seefahrt über den Kanal zu erleben. Es war so stürmisch, dass das Schiff auf den hohen Wellen fürchterlich rollte und stampfte. Kein Gedanke kam mehr an die Adventszeit auf. Die Reste der Weihnachtskekse aus Oxford fuhren in meiner Speiseröhre Paternoster ... Ich wäre in dieser Situation sogar bereit gewesen, auf meine Weihnachtsgeschenke zu verzichten, wenn ich dafür schneller nach Hause gelangt wäre.

Müde und elend erreichte ich das Festland. Ich musste feststellen, dass meinem Koffer die Seefahrt ebenfalls nicht bekommen war; denn just auf der längsten Treppe trennte er sich von seinem Griff und purzelte unaufhaltsam die Stufen hinunter. Auf halber Höhe sprangen die Schlösser auf und gaben den Inhalt samt der Weihnachtsgeschenke preis. Ein Segen, dass kein Zöllner zuschaute, sondern nur ein junger Engländer. Als er die Bescherung sah, rief er kopfschüttelnd: «Merry Christmas!»

Fassungslos packte ich die Sachen wieder in den Behälter. Ich entfernte den Ledergürtel von meiner Hose, band den Koffer zu und keuchte erneut die Treppe nach oben; die eine Hand hielt das Gepäck, die andere die Hose ...

Schließlich gelangte ich zu einer Schnellbahn-Haltestelle. Vor dem Fahrkartenautomat passierte das nächste Malheur; mein einziges Fünfmarkstück glitt aus den verkrampften Fingern und fiel auf Nimmerwiedersehen in eine tiefe Asphaltritze ...

Ein Gastarbeiter, den ich nicht gesehen hatte, kam zu

mir, reichte mir freundlich aus seiner Geldbörse das Fahrgeld und ging fort, ohne meinen Dank entgegenzunehmen. – Ihm widme ich diese Weihnachtsgeschichte!

Karin-Luise Raschdorff
Ein Weihnachtsmärchen

In der Nacht vor dem Heiligen Abend träumte ich, dass ich wieder ein Kind wäre, das ungeduldig und sehnsüchtig auf die Weihnachtstage mit ihrem Zauber wartete. Leise stand ich aus meinem Bett auf und kniete im Wohnzimmer vor der Fensterbank nieder, auf der die Krippe stand. Entzückt betrachtete ich die Figuren aus rot gebranntem Ton. Maria und Josef, dazu das Christkind in der Krippe. Dahinter ein kniendes Engelchen, das ein Musikinstrument hielt. Hirten standen auf ihren Stab gestützt, und ein Schäfchen wagte sich neugierig in die Nähe der Krippe. Ernst und gewichtig, doch voller Staunen über das vor ihnen liegende Kind, traten die Heiligen Drei Könige vor, um ihre Gaben darzubringen. Voran der Mohrenkönig, der ein kostbares Ebenholzkästchen trug, gefüllt mit Gold und Geschmeide. Aber, war das wirklich ein König? Es sah eher aus wie eine Mohrenkönigin! Ja, das war es! Nur zu ihrem Schutz hatte sie sich die Gewänder eines Königs angezogen! Ich war verwundert. Es war, als ob es mein Geheimnis sei. Und dann hörte ich Glockenklänge von weit her. Es musste Mitternacht sein. Und in dieser Nacht erwachten alle leblosen Dinge zum Leben, für eine Stunde! Ich hörte das Engelchen singen, so süß, dass es fast wehtat. Maria fiel ein, und beide sangen sie dem Kind in der Krippe ein Wiegenlied. Das aber schlief nicht ein, es richtete sich auf und lächelte.

Da stürzten fast gleichzeitig die Könige vor und wollten ihre Gaben dem Kinde bringen. Die Mohrenkönigin war schneller als die beiden anderen. Sie beugte sich so weit vor, dass ihr Haupt fast die Erde berührte. Als der zweite König sich herandrängte, stieß er mit der Mohrenkönigin zusammen, so heftig, dass ihr Kopf plötzlich auf den Boden rollte. War das ein Schrecken! Mein Herz klopfte, ich glaubte, es müssten alle hören!

Aber das Christkind gebot Schweigen nur mit einem Augenaufschlag. Dann hob es den Kopf der Mohrenkönigin auf, setzte ihn wieder auf ihren Hals und strich mit seinen kleinen Händen sacht über die verletzte Stelle und lächelte abermals. Dann sagte es: «Dir wird in diesem Leben nie wieder ein Leid geschehen, Königin!» Bewegt knieten alle nieder, Hirten oder Könige, Maria und Josef aber staunten über die Macht ihres Kindes.

Überall hörte ich jetzt Singen und Klingen, und durch das Fenster leuchtete der Mond mit seinen silbernen Strahlen. Ich war auf einmal so müde und schlich wieder in mein Bett.

Am nächsten Tag, es war Heiligabend, sah ich mir die Mohrenkönigin noch einmal an. Sie sah aus wie immer. Nur um ihren Hals lief ein schmaler weißer Streifen. Hatte ich doch nicht geträumt?

Gerda Himstedt

Das Weihnachtsmärchen mit Hindernissen

Kurz vor Weihnachten gingen meine Eltern mit meinem achtjährigen Bruder und mir, die ich damals vier Jahre zählte, ins Theater zu einer Märchenvorstellung.

Leider weiß ich bis heute nicht, wie das Märchen ausging, weil die Eltern mit uns schon vor der großen Pause den Saal fluchtartig verließen. Die Schuld hierfür lag allein bei mir. Und ich hatte es doch nur gut gemeint. Ich erinnere mich deshalb so genau an die Vorkommnisse, weil ich sie jahrelang auf das bekannte Butterbrot geschmiert bekam.

Es war mein erster Theaterbesuch. Ich war von den dicken roten Plüschsesseln, den goldenen Ornamenten an der Decke und von den glitzernden Lüstern sehr beeindruckt. Alle Plätze waren von Eltern und ihren kleinen und größeren Kindern besetzt. Eine erwartungsvolle Stimmung umfing mich, und das leise dahinplätschernde Geraune der vielen Menschen machte mich ganz zappelig. Auch ich plapperte lebhaft mit den Kindern, die vor und hinter mir saßen, wobei ich nicht vergaß, meinen Klappsitz unermüdlich auf und nieder zu bewegen. Mein Vater machte beidem ein Ende, indem er mich auf seine Knie zog.

Plötzlich verlöschten die Lampen, es wurde stockdunkel, mein Herz klopfte heftig, und ich war froh, so nahe bei meinem Vater zu sein.

Der Vorhang öffnete sich langsam. Ich sah eine riesige, hell erleuchtete himmlische Weihnachtsbackstube vor mir. In einer Ecke stand ein geschmückter Tannenbaum mit brennenden Kerzen, und an den Seitenwänden standen zwei Ungetüme von Backöfen. In der Mitte der Bühne war ein mächtiger Tisch aufgebaut, der an drei Seiten mit weißen Tüchern bis zum Boden verhängt war, die vierte Seite, die zum Publikum hin, war offen einzusehen. Um den Tisch herum standen süße kleine Engelchen in langen weißen Kleidern. Sie hatten goldene Krönchen auf dem Kopf und kleine goldene Flügel auf dem Rücken. Über allem schwebten weiße Wolken vor einem dunkelblauen Sternenhimmel.

Ich staunte und war sprachlos.

Die Engel sollten, wie ich hörte, für die artigen Kinder auf der Erde zum Weihnachtsfest Pfefferkuchen und bunte Plätzchen backen, die ihnen der Weihnachtsmann bringen wollte.

Die Oberaufsicht über die Bäckerei hatte der Nikolaus. Er sah nach dem Rechten, und seine Engel arbeiteten fleißig. Ich konnte das gut beobachten. Einige kneteten große Teigballen, andere schmolzen Schokolade in einem großen Topf, und wieder andere stachen Herze und Sterne aus, die sie uns zeigten, und fragten, ob sie gut gelungen wären. Wir schrien begeistert: «Ja!» Dann wurden sie auf die Kuchenbleche gelegt und in die Öfen geschoben.

Diese Szene hatte meine vollste Billigung.

Just an dieser Stelle kam ein Himmelsbote auf die Bühne und holte den Nikolaus zu einer dringenden Konferenz zum Christkind, und beide gingen durch die Kulissen nach hinten ab.

Aber was geschah nun? Ich sah, wie die lieben Engelein zu naschen begannen! Sie steckten große Teigklumpen in den Mund! Sie gingen mit den Fingern in den Schokoladentopf und leckten sie ab, sodass wir das genüssliche

Schmatzen bis in die letzte Reihe hören konnten. Einige aßen sogar die schon gebackenen Plätzchen auf! Dürfen Engel das? Ich verstand die Welt nicht mehr.

Ich schluchzte. Was für süßes Gebäck sollte nach dieser Katastrophe am Heiligen Abend auf meinem Teller liegen?

Da hörten wir, wie mit schweren Schritten der Nikolaus zurückkam. Wir hörten ihn murmeln: «Jetzt will ich doch nachsehen, wie meine brave Engelschar mit der Bäckerei vorangekommen ist.» War das ein Schreck für die Engel! Und für mich! Zitternd musste ich mit ansehen, wie die Ärmsten fast übereinander fielen, um sich hastig ein Versteck zu suchen. Schließlich krochen sie alle unter den Tisch, denn ein anderes Versteck gab es nicht. Die Engel zitterten genauso ängstlich wie ich, und das blanke Entsetzen stand in ihren Augen wie in meinen.

Der Nikolaus trat auf die Bühne hinaus und wunderte sich. Kein einziger Engel war zu sehen. Er ging vor der offenen Tischseite auf und ab und auf und ab. Er sah die leeren Teigschüsseln, die leeren Bleche, den leeren Schokoladentopf. Er rang anklagend die Hände und zerwühlte zornig seinen langen Bart. Er fragte mit donnernder Bassstimme: «Wo sind meine Engel, diese Bengel? Wo sind die Pfefferkuchen und wo die Plätzchen?»

Ich wurde immer aufgeregter. Nicht, weil die Engel alles weggenascht hatten, sondern weil der Nikolaus dauernd so dicht an ihnen vorbeiging, dass er sie fast getreten hätte. Als er etwa zum fünften Mal wissen wollte, wo die unartigen Bäckerinnen abgeblieben waren, da konnte ich seine Verzweiflung nicht länger ertragen, und ich rief mit heller Stimme durch den Saal: «Aber die sitzen doch alle unter dem Tisch, Nikolaus. Siehst du sie denn nicht?»

Erst war es totenstill. Das Spiel auf der Bühne stockte,

und der Nikolaus blickte verwirrt um sich. Die lieben Englein hatten gar keine Angst mehr und kicherten albern. Dann erhob sich ein brausendes Gelächter aus vielen Kehlen, und manche Zuschauer klatschten sogar.

Von meinem Bruder fing ich eine saftige Ohrfeige ein, mein Vater lachte so sehr, dass ich von seinem Schoß fiel, und meine Mutter verbarg ihr Gesicht in beiden Händen. Aber wahrscheinlich hat sie auch nur gelacht.

Ich fühlte mich jedenfalls ungerecht behandelt und brüllte lauthals.

Die Eltern zwängten sich mit uns, so schnell sie nur konnten, an - und auf - vielen Füßen vorbei nach draußen.

Gleich auf der Straße erhielt ich eine erzieherische Lektion darüber, wie unfein es ist, zu petzen. Und mein Bruder behauptete, mit mir könne man sich nirgendwo sehen lassen.

Als das nächste Weihnachtsfest und wieder eine Märchenvorstellung nahten, musste ich viele Male versprechen, mich gebührlich zu benehmen und mich an der Handlung auf der Bühne akustisch nicht zu beteiligen. Ich gelobte es in den höchsten Tönen. War ich doch nun schon fünf Jahre alt und groß.

Aber ich machte zur Bedingung, dass mein Bruder weit weg von mir sitzen musste.

Christine Bienert
Aufräumen, nein danke!

Ich heiße Jens. Ich bin fünf Jahre alt, und räume gar nicht gerne auf.

Das ist der Vorspann, der ist wohl wichtig, weil sonst niemand weiß, worum es geht, hat mein großer Bruder gesagt. Und mein großer Bruder muss das ja wissen, der geht nämlich schon zur Schule.

Also, das war so. Ich habe mir zu Weihnachten ein Schiff gewünscht, so ein tolles mit Männern drauf, das auch richtig schwimmen kann. Ganz fest habe ich es mir gewünscht, und an das Christkind habe ich auch einen Brief geschrieben. Na ja, eigentlich hat ja mein großer Bruder den Brief geschrieben, aber gewünscht habe ich es mir alleine.

Am Heiligen Abend dann war ich sehr aufgeregt. Ob mir das Christkind wohl mein Schiff bringen würde? Immer wieder bin ich zu Mama hingerannt und habe sie gefragt.

«Warte es doch ab», hatte Mama gesagt.

Immer warten! Warten ist so langweilig. Ich hatte doch schon die ganze Adventszeit gewartet.

«Hast du endlich dein Zimmer aufgeräumt? Seit Wochen kommt man kaum noch hinein», hatte sie schließlich genervt geantwortet.

Aufräumen? O nein! Aufräumen war ja noch langweiliger als warten. Dann wartete ich doch lieber. Ich konnte ja schon den Hafen bauen, in dem das Schiff vor Anker gehen sollte.

Dann endlich ertönte das Weihnachtsglöckchen. Wir

gingen alle ins Weihnachtszimmer, sangen Weihnachtslieder, und die Geschenke wurden verteilt.

Mein großer Bruder kriegte einen bunten Teller mit vielen Süßigkeiten und Nüssen und ein großes Paket. Ich bekam auch einen bunten Teller mit vielen Süßigkeiten und Nüssen, aber kein Paket.

Ich war traurig und sauer. Nur ein bunter Teller und kein Schiff! Nicht einmal etwas anderes hatte das Christkind gebracht. Dummes Christkind! Nie wieder würde ich ihm einen Brief schreiben. Und überhaupt, ich würde mir auch nie wieder etwas wünschen, nie, nie, nie, und Weihnachten wollte ich auch nicht mehr feiern.

«Sieh mal, da liegt ja ein Brief auf deinem Teller!» Mein großer Bruder hatte ihn schon in der Hand. «Darf ich ihn dir vorlesen?»

«Hm.» Was sonst sollte man einem neugierigen Bruder schon antworten?

«Der ist vom Christkind - da steht: Lieber Jens, ich hätte dir gern ein Geschenk unter den Weihnachtsbaum gelegt, aber ich glaube fast, dass du kein neues Spielzeug mehr gebrauchen kannst. Ich musste leider sehen, dass in deinem Zimmer lauter Spielzeug herumlag, und deshalb hättest du dich gar nicht richtig über ein neues Spielzeug freuen können. Das Christkind.»

Das war schlimm! Ich armer Jens! Ich habe mir richtig Leid getan. Und weil ich nicht wusste, was ich nun anfangen sollte, bin ich in mein Zimmer gegangen und habe angefangen aufzuräumen.

Und wissen Sie, was ich gefunden habe? - Ein Paket!

Und wissen Sie, was in dem Paket war? - Mein Schiff!

Ich war riesig glücklich! Sofort musste mein großer Bruder für mich an das Christkind schreiben, ganz schnell, und ganz eilig musste ich mich beim Christkind bedanken. Vielleicht sollte ich den Brief mit einem schnellen Schiff schicken, oder mit einem Flugzeug, oder mit einer Rakete ... ja, der Brief musste mit einer blitzigen Rakete mitgeschickt werden.

Eine Rakete ... hach ja, eigentlich war so eine Rakete auch ein tolles Spielzeug. Am besten wünschte ich mir im nächsten Jahr zu Weihnachten eine Rakete. Den Wunschzettel konnte ich dann schon gleich dem Brief beilegen.

Nur das Problem mit dem Aufräumen musste ich noch lösen, sonst würde mir das Christkind im nächsten Jahr vielleicht gar nichts bringen.

Natürlich könnte ich ganz einfach aufräumen. - Keine gute Idee!

Oder meinen Bruder bitten, für mich aufzuräumen. Eine bessere Idee!

Aber eigentlich hatte das Christkind nur geschrieben, dass es meine Spielsachen leider herumliegen sehen musste.

Na, dann reichte es, wenn ich die Sachen einfach auf einen großen Haufen warf und eine große Decke darüber legte. Dann brauchte es kein herumliegendes Spielzeug zu sehen.

So, nun muss ich erst mal dem Christkind schreiben - fröhliche Weihnachten.

Michael Walter

Des Engels Geschenk

Gestern traf ich einen Engel,
und der trug an einem Stängel
eine Blume weiß und zart
und so blütenrein apart.

Er erzählte mir die Geschichte,
dass er folgte einem Lichte;
einem großen, hellen Sterne
in die weite, weite Ferne.
Im Himmel war ihm sungen word'n,
dass uns Gottes Sohn geborn.
Nun wollte er zur Krippe gehn,
um sich's Kindlein anzusehn.
An eines musst' er immer denken:
Was sollte er dem Kind bloß schenken?

An einem schmalen Wegesrand
er plötzlich eine Blume fand.
Die, nur diese, soll es sein!
Die bring ich dem Kindelein.

Die Blume er nun hegte
und liebevoll sie pflegte,
damit ihre Blüten all
sie auch hätte noch im Stall.

Doch war der Weg dorthin sehr weit,
und alles wurde eingeschneit.
Ein harter Winter war gekommen,
hatt' alle Blumen mitgenommen.

Als der Engel den Stall erreichte,
war er still, er sah, erbleichte.
Die Blume einst so zart und weiß
war festgefroren nun zu Eis.

Der Engel sich die Nase putzt'.
Leider hatten nichts genutzt
all sein Hoffen, all sein Bangen.
Tränen liefen über seine Wangen.

Das Kindlein lacht, berührt die Blüte.
Der Engel staunt: «Du meine Güte!
Ein Wunder ist geschehn!
Die Blume fängt ja an zu blühn!»

Seit jener Zeit in unserm Land
wird sie die Christrose genannt.

Liselotte Cramer

Das geliehene Weihnachtsbäumchen

Es war kurz vor Weihnachten, und man schrieb das Jahr 1945. Es war das Jahr nach dem schrecklichen Krieg, der harte Schäden in Stadt und Land angerichtet hatte. Die Häuser in den Städten waren zerstört, und in den öden Fensterhöhlen wohnte das Grauen. Auf den Gesichtern der Menschen lagen noch der Schrecken des Krieges und die Trostlosigkeit der Zeit. Zwar leuchtete aus ihren Augen die Freude der überstandenen Bombennächte, in denen sie schlaflose Nächte in kalten Kellern zugebracht hatten. Aber noch hatten die Verwüstungen überall allem ihren Stempel aufgedrückt.

In einem Behelfsheim in der Nähe der kleinen Stadt, die größtenteils von den Bomben verschont geblieben war, wohnte in einem notdürftig möblierten Raum der alte Balthasar mit seinem sechsjährigen Enkelsohn. Der Alte liebte seinen Enkel zärtlich und verschwendete seine ganze Liebe auf den kleinen Jungen, der ihm diese Liebe mit der ganzen Macht seiner kleinen Seele wiederschenkte. Großvater und Enkel waren aufeinander angewiesen. Sie waren vor den Russen geflüchtet, und ihre Familie war zurückgeblieben.

Nun war es Weihnachten. Auf der Welt war Frieden, aber noch war alles knapp. Lebensmittel wurden zugeteilt, Heizmittel waren spärlich, und der Winter in diesem Jahr war hart. Trotzdem waren der alte Balthasar und sein Enkel zufrieden, lebten in ihrer Zweisamkeit und hofften auf die Rückkehr der Eltern des kleinen Jungen. Der alte Balthasar dachte an vergangene Zeiten, in denen sie alle unter dem geschmückten Weihnachtsbaum gesessen hatten, und in Erinnerung an diese Zeiten rollten ihm zwei dicke Tränen über die Backen. Wie sollte der Großvater einem kleinen Jungen erklären, dass er keinen Weihnachtsbaum hatte, den doch immer das Christkind mit strahlenden Kerzen in die große Stube gebracht hatte. Balthasar überlegte lange und intensiv, und dann plötzlich ging ein Leuchten über sein Gesicht. Ja, das war's. Sein ganzes Leben hatte er unter dem Motto der Unfehlbarkeit gelebt. Noch nie war er zum Dieb geworden, auch in der schwersten Zeit des Krieges nicht, aber Leihen war kein Stehlen. Ja, das war die Lösung. Er würde sich ein Bäumchen ausleihen. Darin würde auch der liebe Gott keine Verfehlung sehen. Draußen im Park, in dem er im Sommer oft mit dem kleinen Jungen gesessen hatte, standen herrliche Tannenbäume, und davon wollte er sich einen ausleihen und dann wieder zurückbringen. Sein Gedanke erfüllte ihn so mit Dankbarkeit, dass er ganz aufgeregt wurde, und am nächsten Tag stellte er Eimer, Schaufel, Taschenlampe und Schlitten für sein Vorhaben bereit.

Dann war es so weit. Es war am Abend des 23. Dezember. Den ganzen Tag hatte es geschneit, und das kam seinem Vorhaben entgegen. So konnte er leichter den Schlitten ziehen. Als es dunkel war und sein kleiner Junge schlief, zog er den dicken Mantel an, schlang sich den Schal um den Hals, setzte die Mütze auf den Kopf und schlich sich heimlich und leise hinaus in das Dunkel der Nacht, bewaffnet mit Spaten und Eimer, denn er musste ja den Baum mit Wurzeln ausgraben, um ihn dann wieder einzupflanzen. Nach kurzer Zeit gelangte er in den Park. Es war so still. Kein Mensch war weit und breit auf der Straße, denn das Wetter war düster und grau, und noch immer fiel der Schnee weich und kalt vom Himmel. Im Schein seiner Taschenlampe sah er dann sein Bäumchen. Es war noch klein, aber gerade gewachsen und so recht für sein Vorhaben geeignet. Schnell machte er sich an die Arbeit. Gar so leicht war die Arbeit nicht, denn die Erde war leicht gefroren. Dicke Schweißtropfen perlten von seiner Stirn. Aber schließlich wurde sein Bemühen belohnt, und er lud den schönsten Weihnachtsbaum, den er je gesehen hatte, auf den Schlitten und brachte ihn nach Hause. Sein kleiner Junge schlief noch fest. So grub er das Bäumchen fest mit Erde in den großen Eimer und schmückte es mit buntem Glitzerpapier, ein paar roten Äpfeln und sogar zwei roten Kerzen und versteckte es bis zum nächsten Abend in seinem Schuppen hinter dem Haus.

Und als am nächsten Abend Großvater und Enkel ihr Weihnachten feierten, erhellte ein ganz besonderes Tannenbäumchen den kleinen Raum, und der Kleine blickte verträumt in die zwei Kerzen und auf das geschmückte Bäumchen, das so geheimnisvoll die Augen der beiden Menschen leuchten ließ. Großvater hatte auch ein paar Sachen gebastelt, mit denen der Junge spielen konnte. Aber den großen fragenden Augen des Jungen konnte der Alte nicht widerstehen, und er erzählte ihm alles über seine abendliche Tour in den Park. Am nächsten Tag, als es zu dämmern begann, stahlen sich dann der Alte und der Junge leise hinaus in den Park und gruben das Bäumchen wieder ein, und der liebe Gott lächelte verständnisvoll und verzeihend.

Seitdem sind viele Jahre vergangen. Vater und Mutter des Jungen sind heimgekehrt. Und wenn man an einem schönen Sommertag in den Park kommt, sieht man oft einen Mann mit einem großen Jungen bei den Tannen stehen. Dann gucken sich beide verständnisvoll an und lächeln. Vater und Mutter ahnen ihr Geheimnis nur. Aber sie wissen, was in den beiden lieben Menschen vor sich geht, denn Menschen, die sich lieben, kennen immer die Gedanken des anderen.

Aus dem Bäumchen ist ein Baum geworden, aber manchmal träumt er noch von dem Tag, an dem er zwei Menschen als Weihnachtsbäumchen glücklich gemacht hatte. Der kleine Junge, der inzwischen ein großer Schulbub geworden ist, geht oftmals mit seinem Vater in den Park, und dann schauen sie zu dem Tannenbaum empor und lächeln glücklich. Am schönsten aber ist es, wenn der Junge mit seinem Großvater zu dem Baum kommt. Dann sieht es aus, als winke er geheimnisvoll zu den beiden herunter, und dann rauscht es in seinen Zweigen und wispert ihnen einen Dank zu für den schönsten Tag in seinem Leben. Passanten schauen dann wohl verwundert zu den beiden zufrieden lächelnden Menschen, aber sie kennen ja den Grund ihrer Freude nicht. Nur kopfschüttelnd sehen sie oben im Baum ein wenig glitzerndes Papier und ein Stückchen erhärtetes Wachs, das wie von einer Kerze aussieht, aber niemand hat je die Geschichte erfahren von dem Tannenbaum, der einmal in seinem Leben ein Weihnachtsbäumchen sein durfte.

E. Welcker
Weihnachtsgedicht

Vor langen Zeiten im fernen Land
ein Kripplein in einem Stalle stand
drin waren Schafe, Esel und Kuh,
dort fanden Maria und Josef Ruh.

Sie waren durch Bethlehems Gassen gelaufen
doch niemand ließ die Armen verschnaufen
die von Nazareth hergewandert kamen
in des römischen Kaisers Augustus Namen.
Die Hirten auf dem Feld indessen
die konnten das nahende Wunder ermessen
sie sahen den Stern überm Stalle stehn
und kamen, das Wunder anzusehen.

Das Kind in der Krippe, das Jesuskind
ganz nackt und bloß bei Esel und Rind
umgeben von Engeln, die sangen ihm Lieder
und flogen vom Himmel zur Erde hernieder.

Bald kamen auch Frauen und Kinder heran
und Schwestern und Brüder und jedermann
schaute und staunte und wurde so froh!
Das wollte der Vater im Himmel auch so.

Und seither wandern in jedem Jahr wieder,
die Menschen zum Kripplein und knien dort nieder.
Das Kripplein steht nicht mehr bei Esel und Rind,
ein jeder in seinem Herzen es find't.

Und kommt der Advent, so gehn wir drauf zu
und finden dieselbe fröhliche Ruh.
Wir haben uns lieb, wie Jesus uns lehrt
und fühlen uns glücklich heimgekehrt.

Jeanette Fischer
Nikolaus oder Weihnachtsmann

Es ist wieder einmal so weit. Die Weihnachtseinkäufe müssen getätigt werden. Schon Wochen vorher überlegte ich mir ganz genau, mit welchen Dingen ich meinen Lieben eine Freude machen könnte.

Mit meinem kleinen Sohn Frederick unternahm ich nun die Einkäufe. Ich kam gerade aus dem großen Kaufhaus am Marktplatz - meinen Sohn an der einen Hand, Einkaufstaschen und Wunschliste in der anderen.

Mitten im Gehen hielt Frederick inne. Er deutete auf einen rot gekleideten Weihnachtsmann, der die Leute ins Kaufhaus geleiten sollte. Bei ihm stand der heilige Nikolaus mit Mitra und Hirtenstab.

Sie schienen sich zu unterhalten.

Frederick zog mich zu den beiden hin. Ich verstand gerade noch so viel von der Unterhaltung, als der heilige Nikolaus den Weg zu einer bestimmten Altentagesstätte suchte.

Frederick sah beide mit fragenden Augen an und mischte sich in das Gespräch: «Wer ist denn nun der richtige Nikolaus von euch beiden?»

Etwas ratlos betrachteten die beiden «Nikoläuse» meinen kleinen Buben. Als Erster antwortete der heilige Nikolaus: «Nun, kleiner Mann, das ist eine längere Geschichte.» - «Oh, ich habe viel Zeit», hörte ich die Stimme von Frederick. Ich versuchte entschuldigend meinen Sohn mit mir mitzuziehen. Aber er ließ nicht locker.

Da meinte der Weihnachtsmann, auf seine Armbanduhr

schauend: «Ich mache jetzt Kaffeepause. Wie steht es mit dir? Mich interessiert die Geschichte von uns beiden auch, dort drüben gibt es ein Stehcafé.»

«Also gut, zwanzig Minuten sind noch drin. Dann muss ich zu meinem Termin. Wie steht es mit Ihnen, gute Frau?»

«Ja», stotterte ich ganz perplex.

Frederick strahlte und ging mit dem heiligen Nikolaus zur Rechten und dem Weihnachtsmann zur Linken auf das Café zu. Ich trottete hinter ihnen her und bemerkte die verdutzten Gesichter der Passanten.

Ich muss gestehen, so etwas habe ich auch noch nie gesehen – den heiligen Nikolaus und den Weihnachtsmann brüderlich beieinander.

Als der dampfende Kaffee und der Kakao vor uns standen, begann der heilige Nikolaus: «Es ist schon eine verzwickte Sache», dabei schaute er den Weihnachtsmann an und wandte sich meinem Sohn zu. «Also, Frederick, pass mal auf. Sicher hast du im Kindergarten erfahren, dass wir am 6. Dezember den Todestag vom heiligen Nikolaus, einem Bischof aus Myra, feiern.

Zu seinen Lebzeiten half er jedem notleidenden Menschen und verteilte Gaben. Zum Andenken an ihn bekommen die Kinder Süßigkeiten und kleine Geschenke jedes Jahr.

Als dieser Bischof vor vielen Hunderten von Jahren lebte, gab es noch gar kein Weihnachtsfest.

Im Mittelalter verehrten die damaligen Christen den heiligen Nikolaus viel mehr als das Christkind, das uns ja eigentlich das Heil, die Erlösung, brachte.

Das wiederum ärgerte den Martin Luther sehr. Damit das Christfest seinen eigentlichen wichtigen Sinn bekam, erfand Luther den Weihnachtsmann. Dieser sollte die große Verehrung des heiligen Nikolaus verdrängen. Von nun an erhielten die Kinder kleine Geschenke am Heiligen Abend von dem Weihnachtsmann. Martin Luther schaffte es nicht. Der verehrungswürdige Heilige setzte sich durch.

Seitdem gibt es zwei Bescherungen: Am 6. Dezember vom heiligen Nikolaus und am 24. Dezember vom Weihnachtsmann.

Damit bin ich fast am Ende unserer Geschichte angelangt. Nun - wie erhielt der Weihnachtsmann seine Kleidung. So um 1825 zeichnete der Maler Moritz von Schwindt den Herrn Winter in einem roten, dicken Kapuzenmantel mit weißer Pelzeinfassung und Rauschebart. Inmitten des vorigen Jahrhunderts drängte sich dieser Herr Winter immer wieder in Illustrationen zum Weihnachtsfest. Die Menschen von damals betrachteten ihn alsbald als den Weihnachtsmann. Etwas später griffen andere Länder diese Erscheinung des Weihnachtsmannes auf, wie z.B. England mit dem Father Christmas oder Frankreich mit dem Père Noël. In Osteuropa heißt er noch so, wie er angefangen hat: Väterchen Frost oder Herr Winter.

Ja, so war es wohl damals! Hast du noch Fragen, Frederick? Wie steht es mit dir, Weihnachtsmann?»

«Nein», antwortete er, «vielen Dank für die Aufklärung.»

Auch Frederick bedankte sich artig und noch ganz benommen von der Geschichte.

Der heilige Nikolaus sowie der Weihnachtsmann schenkten ihm ein Bonbon.

Ich lud die beiden noch zu einem Kaffee ein, danach trennte sich unser Weg.

Leider, wie Frederick mit Bedauern feststellte.

Annemarie Meier-Behrendt
Erinnerungen

Es gibt Zeiten, da kommt man ins Suchen und Kramen, man muss zuweilen Ballast abwerfen, um Platz für Neues zu schaffen, oder auch ganz einfach, um sich zu befreien von so allerlei, was sich da so im Laufe der Jahre ansammelt. Dabei fiel mir zwischen vielem anderen Zeug und Tand auch ein altes Schulheft in die Finger. Beim Blättern und Lesen der auf grauem und schlechtem Nachkriegspapier verfassten Diktate und Aufsätze wurde es mir ein wenig wehmütig, überkamen mich trotz so mancher nicht immer guten Erfahrungen Erinnerungen an Vergangenes, Verlorenes, Niewiederkehrendes. 1949 hatte ich diesen Aufsatz geschrieben, und er lautete «In den Ferien». In ihm berichtete ich, dass wir am 22. Dezember 1948 Weihnachtsferien bekommen hatten, wir Schulkinder uns alle auf diese Ferien freuten und sehr gespannt und neugierig wären, was jedes Kind zu Weihnachten bekommen würde. Was konnte es schon sein, in jener Zeit, als das Wünschen noch nicht viel geholfen hatte, diese Wünsche recht bescheiden ausfielen, die Währungsreform gerade hinter und das Wirtschaftswunder noch lange vor uns lag? Wir waren Kriegskinder, Nachkriegskinder, hatten unsere schlimmen Erfahrungen gemacht, Verluste erlitten, waren zum Teil Fremde unter Fremden, lebten mit Sehnsüchten und Wünschen, die selten oder nie Erfüllung fanden. Was ich mir wünschte, ich weiß es heute nicht mehr, aber was ich erhielt, weiß ich dank des aufgefundenen Schulaufsatzes wieder:

«… Ich bekam zu Weihnachten ein Paar Skier, zwei Hemden, vier Hefte, einen Zeichenblock, eine Geldbörse, zwei bunte Teller und ein großes Pfefferkuchenherz, auf dem mit Guss ‹Annemarie› geschrieben stand.»

Es überrascht mich, dass der Gabentisch doch so üppig ausfiel. Die Leckereien auf den bunten Tellern dürften mit denen, die es heute gibt, keineswegs zu vergleichen sein. Selbstgebackenes, Äpfel, eine Apfelsine in zartes Seidenpapier gewickelt, ein paar Sahnebonbons. Einer der Teller stammte von Nachbarn, wie auch die Skier. Die Geldbörse – Portemonnaie konnte ich damals wohl noch nicht buchstabieren, enthielt vielleicht einen Glückspfennig, ich weiß es nicht mehr – war aus Pappmaché. Die Skier könnte man in einem Museum bestaunen, wären sie noch vorhanden, und hielten sicherlich keinen Vergleich mit den heutigen Konstruktionen stand.

Nein, ich will mich nicht beklagen, nicht bedauern, dass ich nicht erhielt, was ich mir wünschte, von dem ich jetzt nicht weiß, was es war. Dieser Rückblick in die Vergangenheit hat mir nämlich doch viel Freude bereitet, und nicht nur mir, sondern auch, da ich diesen Aufsatz kopierte, mit einigen Worten einem alten geliebten Lehrer sandte. Er schrieb mir daraufhin: «Schön, dass sich die Beziehungen zwischen Lehrern und Schülern zu einem freundschaftlichen Verhältnis wandelten und bestehen!»

Und noch einmal nahm ich diesen Aufsatz als Grundlage zu einem schon traditionell gewordenen Jahresrückblick für meinen Kegelclub, da mir keine andere Idee kam. Gerade in diesen weihnachtlichen Tagen, zum Jahresende hin, gehen ja unser aller Gedanken in die Vergangenheit, so schien mir meine Erinnerung nicht unpassend, obwohl, so ganz zufrieden war ich eigentlich nicht. Dann erlebte ich wieder eine Überraschung, ein unerwartetes positives

Echo. Eine Kegelschwester rief an, bedankte sich für diesen Anstoß, sich einmal mit der Vergangenheit zu beschäftigen. Sie habe sich nun selber gefragt, wo sie in der Zeit gewesen sei, was sie gemacht und getan habe. Es stellte sich heraus, sie war damals in einem Flüchtlingslager in Dänemark. Was eigentlich nicht meine Absicht war: «Es ist doch gut, dass man wieder einmal darauf hingewiesen wird, was wir erlebten, wie schlecht es uns ging und wie gut wir es heute haben.»

Irgendwie habe ich das Gefühl, durch diesen meinen Kinderaufsatz im Nachhinein reich beschenkt worden zu sein.

Ortfried Pörsel

Weihnachtswunsch

Der Esel, der im Stalle stand,
und auch der Ochs sind weltbekannt.
Noch vor den Hirten sahen beide
das Jesuskind, und drum beneide
ich sie ums Kind beim Lampenschein.
Ich möchte ausnahmsweise heut
ein Ochse oder Esel sein.

Wilhelmine Weißenbrücher
Ein Wunsch geht in Erfüllung

Einmal das Adventssingen in Salzburg, der Mozartstadt, zu erleben, war ein lang gehegter Wunsch von uns. Vor vier Jahren nun hatten wir endlich die Gelegenheit dazu. Eine Reisegesellschaft machte es möglich. Vier Tage Salzburg mit Eintrittskarte ins Große Festspielhaus.

Wir erlebten ein wunderschön verschneites Salzburg. Für uns ein Wintermärchen. Wir kamen in einem guten Hotel unter, es war so richtig heimelig, alle Räume waren warm, gemütlich und dezent vorweihnachtlich geschmückt. Am anderen Morgen, nach dem gemeinsamen Frühstück, brachte uns der Bus ins Stadtinnere.

Diese Stadt ist zu jeder Zeit ein lohnendes Ziel. Aber die Winterpracht und die fast überall überschwänglich liebevoll geschmückten Häuser und Schaufenster überstiegen unsere Erwartungen. Überall Tannengirlanden, geschmückt mit Blumen und edlen Bändern. Große Menschenscharen zogen durch die Straßen, schauten, staunten, kauften und freuten sich sichtlich. Über der geschäftigen Stadt mit den Brücken über die Salzach, dem Schloss mit dem Mirabellgarten, dem Dom, den vielen Kirchen und schönen Häusern steht stark und trutzig die Feste Hohensalzburg. Wir besuchten in der Getreidegasse auch das Mozarthaus und wandelten durch die einmal von dem Musik-Genie und Familie genutzten liebevoll erhaltenen und bewahrten Räume.

Auf allen verfügbaren Plätzen der Stadt, auch auf dem Residenzplatz am Dom, boten Weihnachtsmärkte ihre vielseitigen weihnachtlichen und praktischen Sachen an, zur Freude von Jung und Alt.

Wir erlebten ein abendliches Blaskonzert vom Turm des Domes. Auch besuchten wir eine Krippenausstellung. In mehreren Etagen waren kleine und große Kunstwerke an Krippen aus vielen verschiedenen Ländern ausgestellt. An einem Abend erlebten wir ein wunderbares klassisches Konzert, welches uns Studentinnen und Studenten der Musikakademie boten und das uns sehr beeindruckte.

Am Sonntag nahmen mit uns viele Gläubige an der Heiligen Messe im Dom teil. Der Gottesdienst wurde durch die Darbietungen eines großen Chores untermalt und stimmte uns fast unbewusst auf das eigentliche Ziel unserer Reise ein, denn am Abend sollte nun das Adventssingen im Großen Festspielhaus stattfinden.

Abends betraten wir voller Erwartung dieses Haus. Unzählig viele Menschen hatten das gleiche Ziel. In den Wandelgängen begegneten wir neben einigen Gästen wie uns vielen, vielen Einheimischen, die alle in Trachten erschienen waren. Die Damen in kostbaren Kleidern, die Herren in ihren hübschen Trachtenanzügen. Erwartungsvoll und stolz sahen sie alle aus. Es war ja sozusagen ihre Veranstaltung.

Im weiten Raum über der Bühne hatten etliche Chöre, auch alle in Trachten, Platz genommen. Sie sollten das Spiel auf der Bühne musikalisch begleiten. Das Spiel begann. Ein kleiner Junge wollte wissen, was eigentlich Weihnachten geschehen war. Die Eltern erzählten es ihm, wie sie es aus der Bibel kannten. Nachts träumte der Kleine dann davon, was auf der Bühne in Form einer Aufführung dargestellt wurde. Er sah, wie der Engel der Maria erschien und ihr weissagte, sie würde ein Kind gebären, eben das Jesuskind. Er sah, wie Maria und Josef nach Bethlehem wanderten und keine Herberge fanden. Er sah die Hirten auf dem Feld und den Stern, der über dem Stall leuchtete. Und immer, wenn eine der Begebenheiten auf der Bühne vorgetragen worden war, ertönten von den verschiedensten Gruppen wundervolle Adventslieder, Choräle oder Musikinstrumente. Ein ganz festlicher, zu Herzen gehender Zusammenklang zwischen Bildern und Musik.

Nach Beendigung der Aufführung erfolgte ein ganz besonderer Schlusspunkt. Bei der wundersamen Musik des Andachtsjodlers erhoben sich alle Anwesenden und summten dankbar und ergriffen mit.

Da ist nichts hinzuzufügen, unser Traum wurde wahr!

Markus W. Zauner

Ein Weihnachtsbaum erzählt aus seinem Leben

Vor vielen, vielen Jahren bin ich in einer Baumschule aufgewachsen. Zusammen mit Hunderten Freunden, die, wie ich, Tanne genannt wurden. Jedes Jahr wurden einige gefällt, damit wir wieder mehr Platz zum Wachsen hatten, denn unsere Äste sollten schön gleichmäßig um den Stamm angeordnet sein.

«Ihr werdet an die Menschen verkauft», piepsten uns die Vögel zu. Und die frechen Spatzen wussten noch Genaueres: «Die Menschen feiern jedes Jahr ein Fest, das sie Weihnachten nennen. Jede Familie kauft sich einen Baum, den sie dann, festlich geschmückt, in ihrer Wohnung aufstellen. Ihr werdet mit bunten Kugeln und Glitzerfäden behangen, mit Süßigkeiten und Lebkuchen für die Menschenkinder und vieles, vieles mehr.»

Wir Tannen konnten es kaum erwarten, den Menschen für einige Wochen Freude zu bereiten. Endlich waren wir «erwachsen» und konnten gefällt werden, doch alles kam ganz anders.

Meine Freunde und ich wurden mitsamt unseren Wurzeln ausgegraben und in große Gefäße mit frischer, nahrhafter Erde gepflanzt.

Was sollte das bedeuten?

War die jahrelange Vorfreude auf das große Fest umsonst?

Wir schickten die Vögel auf Erkundungsflug.

Voller Spannung erwarteten wir ihre Rückkehr. Völlig außer Atem zwitscherten sie uns zu: «Wir haben unsere

Verwandten in der Stadt befragt. Mit euch passiert was ganz Spannendes. Ihr werdet nach dem großen Fest von den Menschen in ihre Gärten gepflanzt. So könnt ihr weiterwachsen und noch sehr alt werden.»

Auf großen Lastwagen wurden wir in die Stadt gefahren, bis hin zu einer Ansammlung von kleinen, hölzernen Häusern. Das nennen die Menschen «Weihnachtsmarkt». Dort gingen sie mit ihren Kindern spazieren und besichtigten uns kritisch. Erwartungsvoll warteten wir auf unsere neuen Besitzer.

Welche Familie würde mich wohl kaufen?

Dann tauchte eine Menschenfamilie mit drei Kindern auf. Nervös hielt ich ihren prüfenden, kritischen Blicken stand. Mehrmals wurde ich gedreht, um meine Schokoladenseite festzustellen. Aber über mich beschwerte sich keiner der Familie.

Der Menschenvater gab dem Verkäufer einige Geldscheine und durfte mich mitnehmen.

Ich gehörte ihm, das Abenteuer konnte beginnen.

Die gesamte Familie hievte mich in den Kofferraum eines Autos. Lediglich einige Äste spähten nach draußen. Als der Wagen stoppte, wurde ich ausgeladen und konnte meine neue Heimat begrüßen. Dicht an dicht standen Häuser mit kleinen Vorgärten. Durch das Haus wurde ich auf einen Balkon getragen.

«So, bis in einer Woche», verabschiedete sich der Menschenmann von mir.

Noch eine Woche bis zu meinem großen Auftritt.

Wenn man auf etwas Bestimmtes wartet, scheint die Zeit stillzustehen. Aber irgendwie hatte die Warterei ein Ende, und ich wurde ins Haus getragen.

Die Familie war vollständig anwesend. Auch türmten sich Dutzende Schachteln und Kartons auf dem Fußboden. In einer leeren Ecke des Wohnzimmers fand ich meinen Platz.

«Jetzt beginnen wir mit dem Schmücken», sagte die Menschenfrau. Nach und nach wurden die vielen Kartons leer und meine Äste und Zweige immer schöner anzusehen. Zum Schluss legten mir die Menschen eine Lichterkette mit vielen Kerzen um. Ich reckte und streckte mich, die Kinder bettelten, aber die Eltern erlaubten nicht, dass die Kerzen angedreht wurden, und sagten geheimnisvoll: «Erst morgen ist Weihnachten, alle verlassen bitte jetzt das Zimmer, und keiner sollte sich getrauen, das Wohnzimmer bis zum nächsten Abend zu betreten!»

Also morgen, mein großer Tag sollte endlich kommen!

Und Heiligabend war da!

Draußen dämmerte es bereits, als die gesamte Menschenfamilie eintrat.

Sollte das meine Familie sein?

Ich erkannte sie kaum wieder!

Alle waren festlich angezogen, sogar die Kinder trugen ihre Sonntagskleidung.

Im Halbkreis formierten sie sich vor mir.

Ich wurde immer aufgeregter, was geschieht jetzt?

Zwei Mädchen entlockten ihren Flöten wunderschöne Töne, und plötzlich stimmte die Familie verschiedene Weihnachtslieder an. Nach und nach wurden die Kinder ganz zappelig und unkonzentriert. Sie wollten sicher ihre Geschenke auspacken, die in bunten Kartons zu meinen Füßen lagen. Jetzt endlich erlaubten die Eltern ihren Kindern, nach den Geschenken zu schauen.

Und wie sie sich darauf stürzten. Ich schwankte beträchtlich, denn es wurde gedrängelt und geschubst, jeder versuchte zuerst, an seine Geschenke zu gelangen. Die schönen Kartons wurden aufgerissen, das Papier im

Zimmer umhergeworfen, auch die Schachteln landeten irgendwo im Raum; denn schließlich kam es den Kindern auf den Inhalt und nicht auf die Verpackung an. Sie hatten nur noch ihre Geschenke im Kopf und hatten alles andere um sich herum vergessen.

Und die Eltern?

Still saßen sie auf dem Sofa und lächelten. Erinnerten sie sich an ihre eigene Kinderzeit?

Ob sie auch so viele Geschenke bekamen?

Lange saß die Familie an diesem Abend zusammen, lachte, wetteiferte bei diversen Spielen, aß Süßigkeiten und lauschte stimmungsvoller Weihnachtsmusik.

Das war also der größte Tag meines Tannenbaumlebens.

Ich war beim größten Fest der Menschen dabei und beinahe auch die Hauptperson, oder kann das Fest auch ohne Weihnachtsbaum gefeiert werden?

Nach zwei Wochen war die gemütliche Weihnachtszeit vorbei. Die Süßigkeiten an meinen Ästen waren schon lange von den Kindern geplündert.

Der schöne Schmuck und die Lichterkette wurden nun abgenommen und wieder in Kartons verpackt.

Jetzt werde ich sicher mit meinen Wurzeln irgendwo eingegraben, dachte ich nur.

Und richtig.

Ich wurde in den Vorgarten getragen. Dort war bereits ein tiefes Loch ausgegraben, in das mich die Menschen steckten. Meine Wurzeln wurden mit Erde bedeckt, fest angetreten und zum Schluss gründlich gewässert.

Inzwischen sind mehr als zehn Jahre verstrichen. Ich stehe immer noch im Vorgarten der Familie, denen ich ein Weihnachtsbaum sein durfte.

Von Jahr zu Jahr konnte ich erleben, wie die Kinder älter und erwachsener wurden.

In das Wohnzimmer der Menschen passe ich wegen meiner Größe schon lange nicht mehr. Aber jedes Jahr zur Weihnachtszeit bekomme ich immer noch eine Lichterkette um meine Zweige gelegt und strahle mit den anderen Bäumen der Nachbarschaft um die Wette.

Bernd Hubert

Adventure, Adventure

Auf, hinein in den Weihnachtsrummel,
an allen Ständen ist Riesengetummel.
An jeder Ecke Nikoläuse stehen,
die Weihnachtsmanie ist ihnen anzusehen.
Tannenbäume schmückt das Lichterkettengewand,
marzipanisch wird durch Geschäfte gerannt.
Im Kaufrausch ersehnen wir den Eiligen Abend,
uns zwischendurch an Pfeffernüssen labend.
Wir wollen nicht länger auf Stimmungen warten.
Auf, lasst uns die Zündkerzen starten!
Heut kommt doch das Kind der Christenheit.
Ach, du liebe Weihnachtszeit!

Helga Brueckl
Wo ist das Marzipan?

Obgleich es in meinem Leben durch die Auswanderung von Bremen nach Kanada viele aufrüttelnde Ereignisse gegeben hat, kann ich mich heute nach mehr als sechzig Jahren noch gut an ein Weihnachtsfest erinnern, als ich als Zehnjährige innerhalb von ganz kurzer Zeit ein trauriges Tief und gleich hinterher ein erfreuliches Hoch erlebte.

Es geschah am ersten Weihnachtstag 1933, und in unserem Haus wimmelte es von Besuchern. Großmutter, Tanten, Onkel, Vettern und Cousinen waren zu einem Festschmaus eingeladen, und der Duft von einem großen Weihnachtsbraten durchströmte die Räume. Alles war bis aufs kleinste vorbereitet. Der Tisch war gedeckt, die Schüsseln für Kartoffeln und Gemüse standen zum Füllen auf der Anrichte bereit, und die Teller waren angewärmt, als meine Mutter noch schnell in die Bodenkammer lief, wo sie ein großes Marzipan-Brot für die bunten Nachspeise-Teller versteckt hatte. Da Marzipan bei uns eine große Seltenheit war, sollte es eine besondere Überraschung für alle sein. Zu ihrem Schrecken konnte meine Mutter das Marzipan-Brot aber nicht finden, und nach vergeblichem Suchen kamen wir Kinder schließlich in Verdacht, es aufgegessen zu haben. Mein Bruder Detlev wurde als Erster vernommen, weil er besonders gern Süßigkeiten naschte und keine Zuckerdose vor ihm sicher war. Jedoch blieb das Verhör im Arbeitszimmer meines Vaters ergebnislos. Nein, Detlev hatte das Marzipan-Brot nicht aufgegessen. Als Nächste wurde meine Schwester Eva verdächtigt und danach Ellen, die Jüngste. Als auch sie ihre Unschuld beteuerten, kam ich schließlich an die Reihe. Es schien nun keinen Zweifel mehr zu geben, dass ich als Letzte die Schuldige sein musste. Mein Vater sah mich schon strafend an, als ich neben seinem Schreibtisch stand, und bevor er dazu kann, mich zu fragen, ob ich das Marzipan gegessen hatte, fing ich an zu weinen, was für ihn der Beweis meiner Schuld war. Infolgedessen durfte ich nicht an dem Festessen teilnehmen und wurde ins Spielzimmer verbannt, wo ich mich mit Nähen von Puppenzeug ablenkte. Ich erinnere mich noch heute, wie mir dabei zumute war. Da ich unschuldig war, fühlte ich mich ungerecht behandelt. Ein Gemisch von Ärger, Traurigkeit und Selbstmitleid bedrückte mich und nicht zuletzt ein starkes Hungergefühl. Wie ich hinterher erfuhr, wurde ich nicht nur zur Strafe vom Weihnachtsessen fern gehalten, sondern auch aus Rücksicht auf meinen Magen, in dem, wie angenommen wurde, ein Pfund Marzipan aufgestaut war. Durch die Tür, die ich einen Spalt geöffnet hatte, hörte ich das Klirren von Tellern und die fröhliche Unterhaltung im Esszimmer, während sich meine Stimmung immer mehr dem Nullpunkt näherte. Doch sollte es nicht so bleiben. Plötzlich kam meine Mutter ins Spielzimmer und nahm mich reumütig in die Arme. Sie hatte sich daran erinnert, das Marzipan an einem anderen Ort versteckt zu haben, wo sie es dann auch wirklich fand. So wurde ich nun von allen bedauert und etwas verspätet mit Leckerbissen versorgt.

Was mich jedoch mehr erfreute und gleichzeitig erleichterte, war die Tatsache, wieder in die Familiengemeinschaft aufgenommen zu werden, und als wir dann alle gemeinsam Weihnachtslieder sangen, fühlte ich eine große Zusammengehörigkeit.

Heute weiß ich, dass Freude und Harmonie besonders geschätzt werden, wenn es vorher für eine Weile mal einen Missklang gegeben hat. Auch habe ich mit zunehmendem Alter gelernt, meine Empfindlichkeit besser zu lenken und mich zu verteidigen, wenn es nötig ist.

Sonja M. Abel

Weihnachtsmarkt in Hamburg

Setz dich mit mir auf den Mönckeberg
und schau auf die Stadt.
Es duftet nach Glühwein, Zimt und Marzipan.
He, du kleiner Weihnachtszwerg, ist dir kalt?
Kuschel dich an meinen Winterpelz.
Sieh nur, die Menschen dort in der
Mönckebergstraße, die Karussellpferdchen,
der Lichterglanz, das Schmalzgebäck.
Hast du nicht 'n paar Groschen für
den Mann mit dem Hut?
Ich mein den Mann dort in der dunklen Ecke.
Nur eine Schneeflocke glänzt in seinem Bart.
Sie ist nicht geschmolzen, sie ist noch
vom letzten Jahr.
Die Erinnerung kennt keine Vergangenheit,
sie ist immer da.
Sie ist auch auf Weihnachtsmärkten, in Hamburg
und in allen Städten.

Horst Heinschke
Ihr Kinderlein kommet

Heiligabend, fünfzehn Uhr …

Alle – bereits erwachsenen – Söhne und Töchter waren gekommen. Mit ihnen natürlich auch die Frauen oder Männer und die drei Enkelkinder, die siebenjährige Romina sowie die vierjährigen Alexander und Benny. Oma Edith und Opa Horst waren glücklich, alle ihre Lieben wieder einmal geschlossen um sich zu haben. Nur ihr Sohn Dietmar und seine Frau Agnes vom fernen Main fehlten, da sie in Kitzingen Weihnachten feierten.

Oma – sowieso nicht mit bester Gesundheit gesegnet – fühlte sich zwar von den vielen Vorbereitungen in den letzten Tagen erschöpft; aber sie wäre nicht die Oma, wenn sie nicht ihre körperliche Schwäche gekonnt überspielt hätte durch ihre schon sprichwörtliche Liebe, Güte und Freundlichkeit gegenüber allen. Na, und der Opa war – wie konnte es anders sein? – wie immer an Feiertagen völlig übermüdet durch seine vielen ehrenamtlichen Tätigkeiten und seinen Schlafmangel, der ihm schon seit seiner Jugend zu schaffen machte. Also lagen alle Voraussetzungen vor, dass es wieder einige besonders schöne, besinnliche Stunden im trauten Familienkreis geben würde.

Tochter Barbara, die mit Romina die schöne Tischdekoration gefertigt hatte, stimmte mit der Oma rasch den Verlauf der nächsten Stunden ab, was den Opa nicht hinderte, nun seinerseits eigene Vorstellungen zu entwickeln. Die Enkelkinder zeigten indessen draußen in der Diele, wo sie abwechselnd von Tochter Ursula und Schwiegertochter Simone oder von den Söhnen Ulrich und Georg beaufsichtigt und abgelenkt wurden, bereits wachsende Zeichen von Ungeduld. So wurde es höchste Zeit, mit dem festlichen Teil endlich zu beginnen.

Opa drückte seinem Ältesten, Michael, wie selbstverständlich die Bibel in die Hand, Barbara stellte den Radiorecorder an, dass er laut «Ihr Kinderlein kommet!» zu spielen begann. Die elektrischen Kerzen am Weihnachtsbaum leuchteten auf, Oma ließ kräftig ein Glöckchen klingeln …

Die Enkelkinder stürzten wie ein Sturmwind herein, die Augen erwartungsfroh aufgerissen. Sie konnten sich nicht satt sehen an all dem Schönen: dem herrlich geschmückten Christbaum, den Kerzen auf den zusammengestellten Tischen mit den Tannenzweigen und den golden schimmernden Bändern sowie den Kärtchen mit den Weihnachtsmännern darauf, dem Seitentisch mit dem großen Stapel von liebevoll eingepackten Geschenken …

Das Lied war zu Ende, die Mütter ermahnten – jede auf ihre besondere Weise – die Kinder noch einmal zu größter Stille. Als sie herrschte, begann Michael: «In jenen Tagen erließ Kaiser Augustus den Befehl, alle Bewohner des Reiches in Steuerlisten einzutragen. Dies geschah zum ersten Mal; damals war Quirinius Statthalter von Syrien. Da ging jeder in seine Stadt, um sich eintragen zu lassen. So zog auch Joseph von der Stadt Nazareth in Galiläa hinauf nach Judäa in die Stadt Davids, die Bethlehem heißt; denn er war aus dem Haus und Geschlecht Davids …

«David! David! David!», rief Alexander plötzlich laut. Denn er kannte aus dem Kindergarten einen David, der ihm jüngst seinen Apfel weggenommen hatte. Die Erwachsenen schmunzelten; nur Mutti Ursula, peinlich berührt, zupfte ihren Sohn, damit er Ruhe gab. Keiner der anderen wusste natürlich, wie wichtig der Name David für Alexander war.

«... er wollte sich eintragen lassen», fuhr Michael fort, «mit Maria, seiner Verlobten, die ein Kind erwartete. Als sie dort waren, kam für Maria die Zeit ...»

«Marienhof, Marienhof», unterbrach Alexander aufgeregt seinen Onkel.

«Still, Alexander!», rief seine Mutter und packte den Jungen fest an der linken Hand, um zu verhindern, dass der Knabe nun munter alle für ihn wichtigen Erinnerungen an die ihm bekannte Fernsehserie ausplauderte.

«... kam für Maria die Zeit ihrer Niederkunft, und sie gebar ihren Sohn, den Erstgeborenen», las Michael mit gewichtiger Stimme weiter, dabei Alexander streng musternd. «Sie wickelte ihn in Windeln und legte ihn in eine Krippe, weil in der Herberge kein Platz für sie war. In jener Gegend lagerten Hirten auf freiem Feld und hielten Nachtwache bei ihrer Herde. Da trat der Engel des Herrn zu ihnen, und der Glanz des Herrn umstrahlte sie ...

«Herr Meyer! Herr Meyer!», schrie Benny begeistert. Mutti Corina zog ihren Sohn rasch an den Haaren. Sie wusste zu genau, der Junge würde sonst jetzt in allen Einzelheiten berichten, wie viel Schokoladenkringel und Pfefferkuchen der nette Herr Meyer aus dem Erdgeschoss am Vormittag ihm geschenkt hatte.

Opas strenger Blick veranlasste alle Mütter und Väter zu vermehrter, vorbeugender Aufmerksamkeit. Und es gelang. Michael konnte das Evangelium der Heiligen Nacht nun ungestört zu Ende lesen bis zu den Worten: «Verherrlicht ist Gott in der Höhe, und auf Erden ist Friede bei den Menschen seiner Gnade.» –

Irgendwie atmeten alle Erwachsenen erlöst auf. Oma und Opa verständigten sich rasch. Jetzt sollte gleich mit der Bescherung begonnen werden, damit die ungeduldigen Kinder endlich zu ihrem Recht kamen. Doch da fragte Romina laut ihre Mutter: «Darf ich ein Lied singen?» Barbara – ein wenig stolz auf ihre fleißige und musikalische Tochter – stimmte nach einem schnellen Blick in die Runde zu, zumal auch Opa und Oma nickten.

«Ihr Kinderlein kommet …», begann Romina, unterbrach sich aber sofort. «Äh, das hatten wir ja schon. Ich kenne natürlich noch mehr.» Und sie fing mit ihrer hellen Mädchenstimme an zu singen, im festen Bewusstsein, auch einmal wie ihre Mutter, Oma und Tante Ulrike im Kirchenchor mitzuwirken:

«O Tannenbaum, o Tannenbaum,
der Opa liegt im Kofferraum.
Die Oma knallt die Klappe zu,
dann hat der Opa seine Ruh.
O Tannenbaum, o Tannenbaum,
der Opa liegt im Kofferraum.»

Während Romina erwartungsfroh Oma und Opa anguckte, Beifall heischend, wussten die anderen nicht, ob jetzt Opa das große Donnerwetter loslassen würde. Natürlich hatte er sofort bei der zweiten Zeile Rominas die Stirn gerunzelt und hatten die übrigen Erwachsenen sogleich überrascht dreingeschaut und Opa und Romina forschend angestarrt – von der verwirrten Barbara ganz zu schweigen. Aber Opa, der frühere Oberstudienrat, erinnerte sich blitzschnell an die Untaten und Scherze seiner ehemaligen Schüler und seiner eigenen Kinder, als sie noch klein waren, und ertrug alles in beginnender Altersweisheit mit Fassung.

Romina empfand dies als klare Zustimmung und wollte

dem geliebten Großvater mit der nächsten Strophe eine noch größere Freude machen. Fröhlich sang sie weiter:

«O Tannenbaum, o Tannenbaum,
der Opa hängt am Gartenzaun.
Der Opa sagt kein Wörtchen mehr,
die Oma ruft die Feuerwehr.
O Tannenbaum, o Tannenbaum,
der Opa hängt am Gartenzaun.»

Bevor Romina noch eine dritte oder gar vierte Strophe ähnlichen Inhalts anfügen konnte und womöglich noch eine ernsthafte Auseinandersetzung unter den Erwachsenen über das Lied und die heutigen Erziehungsmethoden losbrandete oder sogar noch Benny oder Alexander etwas vorsingen wollten, sagte Opa mit seiner gesamten Autorität: «Und jetzt ist Schluss mit dem besinnlichen Teil! Nun folgt die Kinderbescherung! Lange genug habt ihr drei warten müssen. Alexander, Benny, Romina - dort sind alle Gaben, die unter dem Segen des Christkindes euch bereitet wurden. Jeder darf immer nur eins von den Päckchen nehmen. Eure Eltern passen auf, ob ihr auch die richtigen Geschenke greift.»

Der Bann war gebrochen. Sofort erreichte die Aufregung ihren Höhepunkt. Die Kinder strahlten über alles, was sie - mit mehr oder weniger Ungeduld - auswickeln durften. Was da so an Eisenbahnen, Autos und Flugzeugen, an Teddys, Hunden und Katzen, an Hosen, Kleidern, Pullovern und Jacken zum Vorschein kam! Man müsste nochmal Kind sein, dachte die Oma. Ja, zu ihrer Zeit ... im Kriege und danach ...

Ihre Gedanken wurden unterbrochen, als sich die Kinder nun die von Tante Ulrike und Onkel Michael mit viel

Liebe und Zeit gefertigten langen Pakete vornahmen. Drei überlebensgroße Kunstfiguren - aus jeweils sechs aufgeblasenen und zusammengebundenen kugelrunden und schlanken Luftballons bestehend - waren von Kopf bis Fuß mit farbigen Kleidungsstücken angezogen. Die Begeisterung von Romina und Benny kannte keine Grenzen. Die Erwachsenen zollten den Verpackungskünstlern uneingeschränkt Beifall.

Nur der sonst so draufgängerische, ja wilde Alexander bekam es plötzlich mit der Angst zu tun. Er wich entsetzt vor seinem Luftballon-Ebenbild zurück, stolperte und fiel aufschreiend in den Weihnachtsbaum, den er mitsamt dem wassergefüllten Ständer umriss …

Auch dieses kleine Missgeschick konnte dem insgesamt doch festlichen und schönen Kindernachmittag keinen Abbruch tun. «In der heutigen, oft lieblosen, ja hassgeprägten Zeit», sagte der Großvater später lächelnd, «vermögen wir von den unbekümmerten Kindern zu lernen, wie man einander Liebe, Freude, Hoffnung schenken kann. Ich wünschte, alle Welt würde das begreifen und danach handeln!»

Ortfried Pörsel
Die Weihnachtsnuss

Als das Fest sich langsam neigte
und die Uhr auf ein Uhr zeigte,
nahm ich mir zum guten Schluss
eine dicke Weihnachtsnuss.

Mit den Kräften, die mir eigen,
wollte ich den andern zeigen,
wie die Nuss in meiner Hand
kunstgerecht ein Ende fand.

Doch was war das? Nichts dergleichen
konnte ich dabei erreichen!
Diese Nuss - sonst sehr apart -
war verblüffend eisenhart.

Dass mir so etwas passierte,
eine Nuss, die nicht parierte!
Selbst der wackre Knackermann
hielt verdutzt den Atem an.

Da versuchte es mein Vater,
ein perfekter Nussberater.
Mit dem Hammer schlug er frisch,
doch die Nuss sprang ihm vom Tisch.
Keiner könnte ruhig schlafen:
So viel Starrsinn muss man strafen!
Deshalb gab er ihr den Rest,
klemmte sie im Schraubstock fest.

Jürgen Sperl
Wie der Wirtschaftsstandort Himmel gesichert wurde

«Ich war ein Weihnachtsmann», grüßt vom Plakat mümmelhaft grinsend ein freundlicher Osterhase, dabei eine Pfote winkend erhoben. Ruprecht steht sinnend vor dem Plakat, das hier im Foyer der Firma aufgehängt worden ist, um für das neue Fortbildungs- und Umschulungsprogramm der Knecht-Ruprecht-Abteilung zu werben. Was nun? Zum Osterhasen umschulen, wie das Plakat es nahe legt? Oder im Bescherungsservice weitermachen, mit weniger Arbeitszeit als bisher und noch weniger Geld? Ruprecht, der sein ganzes Leben mit Rentieren verbracht hat, kann sich nur schwer vorstellen, sein Geld künftig mit dem Verstecken von bunten Eiern zu verdienen.

Er geht auf dem Plakat die Liste der Fortbildungskurse durch, die für Teilzeitweihnachtsmänner angeboten werden. Bescherungslogistik, moderne Lagerhaltung im Bescherungsdepot, artgerechte Rentierhaltung, rutenfreie Bescherungspädagogik …

Ruprecht wendet sich niedergeschlagen ab. Seine Gedanken gehen zurück zu jener Abteilungskrisenkonferenz vor ein paar Tagen, als der Alte ihnen die alarmierende Trugnos-Studie über die Situation der Bescherungsbranche auf den Tisch geknallt hatte. «Wir brauchen …», hatte er gerufen mit erhobenem Zeigefinger, «wir brauchen, äh …» Der Alte blätterte nervös in einer Broschüre seines Wirtschaftsverbandes, fand endlich, was «wir» brauchen. «Ja, genau, eine Kostenentlastung!», rief er und stach den

Finger mahnend in die Luft. Ruprecht eins, einer der beiden neu eingesetzten Management-Direktoren, assistierte dem Alten. Die Personal- und Personalnebenkosten wüchsen schneller als der Umsatz, klagte er und schickte vorwurfsvolle Blicke in die Runde. Arbeit sei zu teuer geworden. Die Leute vom Personalrat hatten noch versucht, in puncto Kosten die Spesenrechnungen einiger Vorstandsmitglieder und die plötzliche Schaffung von zwei neuen Direktorenstellen zur Sprache zu bringen. Aber der Alte hatte immer wieder nur beschwörend «Kostenentlastung» hervorgestoßen und dabei mit der flachen Hand rhythmisch auf den Tisch geschlagen.

Ruprecht sucht sich einen Platz in der Sitzecke am Fenster des Firmenfoyers. In ein paar Minuten wird er über seinen künftigen Lebensweg entscheiden müssen. Eier verstecken oder «rutenfreie Bescherungspädagogik»? Und dabei hat er noch Glück, überhaupt vor die Wahl gestellt zu sein. Ruprecht eins hatte bei der Konferenz für eine «nachfrageorientierte Verschlankung der Personalressourcen» plädiert und auf Nachfrage zu erkennen gegeben, dass er an die «Freisetzung» jedes dritten Weihnachtsmannes denke. Schmerzlich, hatte er eisig gesagt, schmerzlich, aber unumgänglich zur Sicherung des Wirtschaftsstandorts Himmel und der internationalen Wettbewerbsfähigkeit. Das war vielleicht ein Tumult, der da ausgebrochen war! Mit aufgeregt wedelnden Armen hatte der Alte zu beschwichtigen versucht, während Ruprecht eins zurückgelehnt und mit unbewegter Miene auf Ruhe im Saal wartete.

Der Personalrat hatte schließlich ein Alternativkonzept vorgeschlagen: Jeder arbeitet etwas weniger, damit alle bleiben können. Der Alte war spontan ganz begeistert gewesen, aber Ruprecht eins, dem «Freisetzen» sichtlich viel besser gefiel, zupfte ihn finster am Ärmel und flüsterte ihm etwas zu. Das erleichterte Lächeln auf dem Gesicht des Alten wich daraufhin zunächst einem verständnislosen Stirnrunzeln und schließlich entschlossener Strenge. Er stand auf. «Mit dem Geld … also …», stolperte er unbeholfen los, «das wird aber mehr weniger als die Arbeit.»

Allgemeine Ratlosigkeit hatte geherrscht nach diesen Worten, erinnert sich Ruprecht. «Mehr weniger?» Was hieß das? Weil der Alte die Sache offenbar nicht ganz klarbekam, hatte schließlich Ruprecht eins das Wort ergriffen und etwas von «unverzichtbarer Überkompensation» geredet. Ruprecht fünf vom Personalrat hatte schließlich zornbebend übersetzt, was das heißen sollte: Zweidrittelstelle bei halbem Gehalt heiße das beispielsweise, hatte er mit hochrotem Kopf gebrüllt. Und eine «Sauerei» sei das!

Ruprecht sitzt am Fenster des Foyers und fühlt sich alt und schwer. Draußen, neben dem neuen Dienstschlitten «de luxe» von Ruprecht eins, hält eben ein Möbelschlitten von geradezu abenteuerlichen Ausmaßen. Ein bulliger Mann steigt aus, tritt durch die Drehtür ins Foyer und geht zum Pförtner. Er bringe die neuen Ledergarnituren, sagt er und lässt sich den Weg zu den Büros der Geschäftsleitung erklären. Ruprecht verfolgt mit den Augen, wie die eleganten und garantiert irrsinnig teuren Möbel ins Haus getragen werden, doch in Gedanken ist er noch in der Konferenz.

Der Alte hatte recht unglücklich ausgesehen, während Ruprecht eins immer wieder die Dringlichkeit der Überkompensation betonte und bei der Gelegenheit auch gleich die Kürzung von Urlaubsgeld und Feiertagszuschlägen ankündigte. Da hatte er nur dagestanden, der Alte, und hilflos die Schultern gezuckt. Dann aber tuschelte Ruprecht eins leise auf ihn ein, tippte energisch auf einige Stellen in der Broschüre des Wirtschaftsverbandes.

Der Alte seufzte ergeben, brummelte etwas von «unpopulären Entscheidungen», die zu treffen seien, und polterte schließlich los, so, wie Ruprecht eins es sage, so werde es jetzt gemacht, sonst ... er überlegte angestrengt, was sonst passiere: «Sonst werden hier alle entlassen!» Noch eine sichelnde Geste der rechten Hand. Und damit Schluss.

Und es kam so, wie Ruprecht eins es gesagt hatte. Auch der Personalrat stimmte zähneknirschend zu. Irgendjemand mahnte noch, dass erwachsene Männer erfahrungsgemäß in tiefe Sinnkrisen stürzen, wenn ihnen der Zwang genommen wird, allmorgendlich zu einer bestimmten Stunde einen bestimmten Ort aufsuchen zu müssen. Und so wurde es geboren, das Kursprogramm zur fachlichen Vervollkommnung der künftigen Teilzeitweihnachtsmänner. Rutenfreie Bescherungspädagogik! Ruprecht sitzt unglücklich in der Ecke des Foyers und fragt sich, ob er nicht doch lieber Hoppelgang und Eierfärben lernen soll.

Das Foyer hat sich inzwischen mit weiteren Weihnachtsmännern gefüllt, die alle das Plakat mustern und dann erregt diskutierend in Gruppen herumstehen. Ruprecht gesellt sich zu einer Dreiergruppe nahe der Sitzecke. Die Kollegen haben sich für den Kurs über artgerechte Rentierhaltung entschieden. Obwohl Ruprecht alles über Rentiere weiß, was man über Rentiere wissen kann, beschließt er, sich den dreien anzuschließen, und sie machen sich auf in den Schulungsraum.

Einer von ihnen, ein ansonsten als gutmütig geltender Dicker, berichtet von der neuesten Dienstanweisung der Management-Direktoren und schimpft lauthals vor sich hin.

«Schwachsinn! Schafft man doch gar nicht. Eine komplette Bescherungstour in der halben Zeit. Ist doch unmöglich!»

«Na ja», lenkt ein anderer ein, «dann bleibt das eben weg mit ‹immer schön brav› und so. Dann gibt's eben zack die Geschenke und weg.»

«Aber das ist doch», der Dicke ringt nach Luft, «das ist doch keine Bescherung mehr. Dann können wir den ganzen Krempel ja gleich mit der Post schicken.»

«Psst», der andere packt den Erregten am Arm und schaut sich sichernd um. «Sag das hier nicht so laut. So eine Idee fehlt denen gerade noch. Dann können wir alle Osterhasen werden.»

Ruprecht malt sich still die Bescherung der Zukunft aus. Schnell und pünktlich, effektiv organisiert bei optimaler Auslastung der Arbeitskraft. Nur – eine Bescherung ist das nicht mehr. Da hat der erzürnte Kollege schon Recht.

«Das ist die neue Zeit», murmelt er leise vor sich hin. Aber der Dicke hat es doch gehört.

«Wie meinst du das?»

«Na ja», Ruprecht zögert, «Konferenzen, Fortbildungsprogramme, Management-Direktoren ... Es wird alles immer besser, immer effektiver und optimaler. Und dabei ...»

Ruprecht sucht die richtige Formulierung.

«Dabei verschwindet der Sinn der Sache. Wir verbessern alles, indem wir ... indem wir es aus der Welt schaffen.»

Resigniertes Schweigen antwortet ihm. Ruprecht fällt noch etwas ein.

«Und Experten. Experten muss es jetzt auch geben für alles», grollt er und folgt den anderen in den Schulungsraum, um sich über Rentiere belehren zu lassen, mit denen er doch sein ganzes Leben verbracht hat.

Else Wabnitz

Der «beschwipste» Weihnachtsmann

Wenn der Weihnachtsmarkt seine Stände öffnet, wenn Räucherkerzen- und Glühweinduft sich mischen, wenn die Tanne auf dem Marktplatz ihre Lichter erstrahlen lässt, dann muss ich jedes Mal an unseren Nachbarn aus meiner Kinderzeit denken.

Er war ein kauziger alter Mann, menschenscheu den Erwachsenen gegenüber, aber mit einem erstaunlich großen Herzen für Kinder. Das blieb uns Rangen natürlich nicht lange verborgen, und so verbrachten wir denn auch jede freie Minute in seiner Wohnung.

Er wusste wunderbar zu erzählen und wurde es nie leid, unsere unzähligen Fragen zu beantworten.

Aber am schönsten war es, ihm bei seinen Gewohnheiten zuzusehen. Sein Lieblingsgericht waren Linsen, und die Zubereitung faszinierte uns jedes Mal aufs Neue.

Er nahm einen großen Topf, schüttete eine Riesenmenge Linsen hinein, gab Wasser und Kartoffeln hinzu und ließ das Ganze brutzeln, bis eine dicke braune Pampe entstand.

Nun kam noch ein Klacks Butter dazu, und es wurde gegessen, der Einfachheit halber direkt aus dem Topf.

Der Rest blieb auf dem Herd stehen und wurde am nächsten Tag aufgewärmt. Nach dreimaligem Wärmen war aus der ohnehin schon zähen Suppe eine braunbrockige Masse geworden, die hartkrustigem Schwarzbrot immer ähnlicher wurde, und so behandelte er sie denn auch. Nun schnitt er ein großes Tortenstück aus dem Topf, gab es in eine Pfanne und briet es von allen Seiten an. Da konnte es schon mal vorkommen, dass ein Spinnlein sich versehentlich im Topf nach etwas Essbarem umgesehen hatte, er fischte es gelassen heraus und aß ungerührt weiter.

Danach gab es jedes Mal ein Stück Kautabak, welches er genüsslich im Munde herumwälzte, bis ihm der Saft die Mundwinkel herabfloss. Gelegentlich bot er uns auch ein Stück an, hatte aber nur anfänglich Erfolg damit, nämlich solange wir den schwarzen Ring für Lakritz hielten.

Für uns Kinder ein fabelhaftes Leben!

Aber alles änderte sich am Heiligen Abend, denn er spielte für unser ganzes kleines Dorf den Weihnachtsmann.

Zu diesem Zweck besaß er eine komplette Ausrüstung, säuberlich im Schrank versteckt für kommende Jahre.

Morgens schon fing er mit den Vorbereitungen an, und wir durften natürlich nicht zu ihm. Aber bei der Ausübung seiner «Weihnachtsmanntätigkeit» hinderte ihn seine Schüchternheit mächtig, und um dem abzuhelfen, kaufte er eine Flasche Schnaps, aus der er schon früh kräftige Schlucke nahm.

Um die Mittagszeit wurde es unruhig in seiner Wohnung. Gemurmel, Gelächter und Gesangsfetzen drangen an die lauschenden Kinderohren. Dann, mit anbrechender Dunkelheit, flog seine Tür auf, und ein leichtfüßiger, beschwingter Weihnachtsmann machte sich auf den Weg.

In jedem Haus wurde er freudig aufgenommen und großzügig bewirtet, und unser Weihnachtsmann wurde immer betrunkener. Die Mütze hing über einem Ohr, die Nase der Maske zeigte gewaltig zur Seite, der Mantel war inzwischen offen und ließ seine Hosenträger sehen, kurzum, als er zu uns kam (wir waren die Letzten in seinem goldenen Buch), sah er schon sehr verwegen aus. Die Zunge war inzwischen so lose, dass mein Vater flüsterte, der Weihnachtsmann sei wohl ein «Ausländer». Doch trotz verrutschter Maske, trotz schwerer Zunge und unsicheren Ganges hielt er durch bis zum Schluss.

Selbst die Kleinen fanden den Weihnachtsmann etwas eigenartig, aber was wissen kleine Leute schon von der großen Welt!

Anderntags blieb er unsichtbar, er hatte sicherlich einen gewaltigen Kater.

Nun ist er schon so lange tot, doch manchmal glaube ich, er spielt auch im Himmel noch den Weihnachtsmann, einfach, weil es für ihn nichts Schöneres gibt.

Istvàn Csikvàry
Pityu lässt in der Umgebung von Fehérvár bestellen …

Wir sind losgegangen. Es war Ende November 1956.

Irgendwo an der ungarisch-österreichischen Grenze entlang zwischen den Dörfern Horvatzsidány und Zsira defilierten wir Richtung Westen. Der Mond blickte heraus, dann verschwand er wieder, als wollte er uns den Weg nicht zeigen. An einem Maisfeld gingen wir entlang, es war noch nicht geerntet, als ob keiner dafür verantwortlich wäre.

Wir waren schon lange unterwegs, und wenn die angegebene Richtung gestimmt hatte, hätten wir schon lange in Österreich sein müssen. Der Mond verschwand, Nebel ließ sich nieder über den Köpfen der Männer, die sich inzwischen zu einer kleinen Gruppe formiert hatten.

Stimmte die Richtung nicht? Auf einmal hörte jemand gebrochene ungarische Sätze: «Magyaren, kommt hierher», war zu hören. Erst jetzt merkten wir, dass wir statt nach Westen stundenlang in Richtung Norden marschiert waren.

Ganz in der Nähe erblickten wir die Konturen eines Kirchturms. Aus dem Nebel entstand ein feiner Nieselregen. Jetzt mussten wir nur noch ein kleines Bächlein überqueren, und wir waren in Lutzmannsburg (vormals Locsmánd) angekommen.

Nach Einsammeln der Flüchtlinge wurden wir mit einem Autobus nach Eisenstadt gebracht. Am nächsten Tag fuhr ein langer Zug nach Westdeutschland. Nach einer

Tag- und Nachtreise kamen wir am Morgen in dem größten Flüchtlingslager Deutschlands, in Friedland, an.

Mitarbeiter des Deutschen Roten Kreuzes verteilten Zettel, worauf wir kurze Botschaften nach Hause aufschreiben durften, um Nachrichten durch das Radio Free Europe vermitteln zu können. Aber wann? Und zu welcher Stunde? Ah, es lohnt sich nicht. Und es soll auch kurz sein. Und andere, die es nicht wissen sollten, durften keine Ahnung haben, wo die Nachricht hingehen sollte. Wir füllten den Zettel aus.

Die Menschen in Lovasberény bereiteten sich auf das Weihnachtsfest vor. In dem Ungarischen Rundfunk sprach man über das Niederwerfen der Konterrevolution. Das Radio Free Europe sprach nicht mehr über Gottes Mühlen, es ist sachlicher geworden. Aber aus Sicherheitsgründen war es nicht empfehlenswert, die Sendungen anzuhören. Trotzdem hielten sehr viele Menschen das Radio von morgens bis abends eingeschaltet. Besonders dann, wenn im Programm Mitteilungen von Flüchtlingen vorgesehen waren.

Heiligabend. Um den kleinen Weihnachtsbaum saßen traurige, weinende Frauen: meine Mutter, meine Patentante und Irénke. In Gedanken, in der Seele waren wir irgendwie zusammen, da auch wir fern der Heimat um den Weihnachtsbaum saßen und unsere Gedanken zu Hause waren:

«Wir haben zu dieser Zeit das gefüllte Kraut schon längst gegessen», sagte einer. «Wir aber fasteten nach altem Brauch bis zur Geburt des kleinen Christkindes, bis zur Mitternachtsmesse», sagte der andere. Oh, wie gern hätten wir auch gefastet, hätten wir zu Hause in Ungarn sein dürfen.

Im Zimmer, wo das alte Klavier stand, war das Radio

eingeschaltet. Ich war schon vor mehr als vier Wochen weggegangen, und keiner wusste, wo ich abgeblieben war. Post war nicht gekommen. Telefon? Unvorstellbar! Und wer hätte auch gern geschaltet am Heiligabend. Telegramm? Rausgeschmissenes Geld!

Die Zeit war schon vorgerückt, so um 20 Uhr mag es wohl gewesen sein, erzählte mir später meine Mutter, als im Radio Free Europe die letzten Mitteilungen des Tages ausgestrahlt wurden.

Wieder nichts, das Programm ist gleich zu Ende. Aber die letzte Mitteilung, wegen Störung der Sendung kaum hörbar, lautete:

«Pityu lässt in der Umgebung von Fehérvár bestellen, dass er in Deutschland glücklich angekommen ist. Wünscht gesegnetes Weihnachtsfest und ein frohes neues Jahr.»

Die große Freude veränderte die Gesichter schlagartig. «Gott sei Dank, dass er ohne Schwierigkeiten angekommen ist. Was für ein schönes Geschenk am heutigen Tag, etwas Schöneres hätten wir gar nicht bekommen können. Lob und Dank sei Gott!»

In unseren Herzen und Seelen sind wir uns begegnet zum Weihnachtsfest 1956.

Michael Walter

Wie es drei Händlern in der Heiligen Nacht erging (Eine Sage)

Vor langer langer Zeit waren am 24. Dezember noch drei wandernde Händler unterwegs: ein Tabak-, ein Lebkuchen- und ein Nusshändler. Sie kamen aus verschiedenen Richtungen und hatten verschiedene Ziele. Und doch hatten sie eines gemeinsam: Ihr Weg führte sie durch das Erzgebirge. Hier trafen sie einander und beschlossen, den beschwerlichsten Weg (durch eine winterliche Einöde, in der es, so weit das Auge reichte, weder Haus noch Hof gab) gemeinsam zu gehen. Gegen Mittag setzte wieder heftiger Schneefall ein. Der Weg wurde von Minute zu Minute beschwerlicher, denn von Minute zu Minute wurde der Schneefall dichter und die Beine der drei Händler schwerer unter der Last ihrer riesigen Körbe, die sie auf dem Rücken trugen. Denn da sie an diesem kalten Tag kaum mehr etwas hatten verkaufen können, waren diese auch noch fast gefüllt.

Am Nachmittag bestand keine Aussicht mehr, dass die drei an diesem Heiligabend noch ihre Heimatdörfer erreichten.

Es begann zu dämmern, und man musste die Nacht wohl im Freien verbringen.

Da tauchte vor ihren Augen aus den weißen, aus Schneeflocken gewebten Tüchern eine kleine Blockhütte auf. Sie schien unbewohnt, sah aber dennoch einladend aus.

«Hier wollen wir die Nacht verbringen», sagten die drei Händler zu sich.

Als sie näher traten, gewahrten sie ein Schild, das an der Haustür angebracht worden war und auf dem zu lesen war:

«Dies ist ein weihnachtliches Haus. Wer hier übernachten - und die Nacht überleben - will, darf weder etwas Falsches tun noch etwas Falsches sagen!»

«Was immer das bedeuten mag, wir bleiben hier», beschlossen die drei Händler. Und der Nusshändler fügte hinzu: «Am besten wäre es, wir sagten überhaupt nichts und täten nur das, was unserem Beruf entspricht», womit er meinte, dass sie sich alle ihren Waren widmen sollten.

«So kann ich wenigstens meine Nüsse selber essen und brauche morgen nicht mehr so viel zu schleppen», sagte der Nusshändler, der übrigens ein sehr geiziger und recht boshafter Mann war.

Und so setzten sich die drei an einen Tisch und widmeten sich den verschiedensten Tätigkeiten: Der Nusshändler begann damit, sich immer eine Hand voll Erdnüsse aus seinem Korb zu nehmen, vor sich auf den Tisch zu legen, zu knacken und zu essen. «Man muss Nüsse essen wie ein Vogel», sagte er, «stets knacken und essen, knacken und essen und nicht wie die Eichhörnchen etwa auf Vorrat knacken.»

Der dicke, gemütliche Tabakhändler steckte sich sein Pfeifchen an, rauchte und sagte erst mal nichts.

Und so saßen sie die ganze Nacht hindurch:

Der Nusshändler knackte und aß seine Nüsse, ohne den anderen davon abzugeben. Der Tabakhändler steckte sich ein Pfeifchen nach dem anderen an und rauchte seinen Tabak, ohne die anderen auch einmal rauchen zu lassen. Nur der Lebkuchenhändler bot von seinen Lebkuchen an, ohne selbst davon zu essen.

Die seltsamen Handlungen des Nusshändlers und des Tabakhändlers geschahen natürlich nur aus der Furcht heraus, das Falsche zu sagen oder zu tun, wobei keiner der drei Männer so recht wusste, was denn das Falsche sei, das man hier nicht tun durfte.

Als dem Nusshändler nach einiger Zeit die Finger vom Nüsseknacken schmerzten, begann er damit, sie mit den Zähnen zu knacken. «Das geht viel besser», freute er sich.

Der Tabakhändler übte sich im Bilden von allerlei Rauchkringeln und -ringen und interpretierte in den Ratsch, den er tatsächlich ausstieß, die abenteuerlichsten Wesen hinein.

Nur der Lebkuchenhändler blieb nicht ruhig. Er ermahnte die beiden Reisegefährten, doch auch einmal daran zu denken, dass heute die Heilige Nacht sei, in der Gottes Sohn geboren wurde. «Daran denken wir die ganze Zeit!», riefen der Nüsseverkäufer und der Tabakhändler fast gleichzeitig aus und widmeten sich schnell wieder dem Nüsseknacken und dem Rauchen.

«Ihr denkt doch nur an euch und wie ihr diese Nacht übersteht», entgegnete der Lebkuchenhändler.

«Ich an deiner Stelle würde nicht so viel reden», sagte der Nusshändler. «Es könnte das Falsche dabei sein.»

«Wir wollen in dieser Nacht lieber nicht streiten», sagte der Lebkuchenhändler und stimmte leise ein Weihnachtslied an. «Jetzt singt er auch noch», lästerte der Nusshändler. «Nun, er wird sehen, was er davon hat und wer von uns dreien hier lebend herauskommt.»

Da sich der Lebkuchenhändler auf keinen Streit einließ, widmeten sich die beiden anderen Männer bald wieder ihren ewig gleichen Tätigkeiten: Rauchen und Knacken, Rauchen und Knacken. Dass der Tabakhändler dabei die kostbare Atemluft verdarb, störte ihn nicht.

«Wenn doch aus deiner Pfeife wenigstens ein wohlduftender Rauch aufsteigen würde», sagte der Nusshändler.

«Und wenn du deine Nüsse doch auch für andere knacktest als nur für dich selbst», sagte der Tabakhändler.

Der Lebkuchenhändler betete im Stillen für das Leben der beiden. Es tat ihm in der Seele weh, dass sie das Weihnachtsfest so missachteten. Immer wieder forderte er sie auf, mit in seine Weihnachtslieder einzustimmen, doch sie verspotteten ihn nur. Und wenn er anhob, eine Weihnachtsgeschichte zu erzählen, sagten sie: «Rede nicht so viel. Es könnte das Falsche dabei sein.»

So verging die Christnacht in dem einsamen Häuschen. Als der Morgen graute und sich der Lebkuchenhändler mit dem Nuss- und dem Tabakhändler auf den Weg machen wollte, packte ihn das blanke Entsetzen.

Die beiden saßen auf ihren Stühlen wie tot. Und bei jedem von ihnen hatte sich eine eigentümliche Verwandlung vollzogen: Das Gesicht des Nusshändlers ähnelte mehr einer hölzernen Maske des Schreckens als dem Gesicht eines Menschen. Es hatte sich in die Länge gezogen, und der Mund war zu einem großen viereckigen Gebilde geworden, zwischen dessen Kiefern eine Walnuss steckte. Die spitze Nase des Nusshändlers besaß nun eine gewisse Ähnlichkeit mit dem spitzen Schnabel eines Vogels. Der Lebkuchenhändler hörte sie förmlich sagen:

«Man muss Nüsse wie ein Vogel essen: knacken und essen, knacken und essen.»

Beim letzten «Knacken und essen» klackte der Unterkiefer des Nusshändlers nach unten, und die Walnuss fiel direkt vor des Lebkuchenhändlers Füße, der sich in seinem Schrecken nicht rühren konnte.

Er sah zum Tabakhändler hinüber. Dieser hatte sich

nicht so stark verändert wie der Nüsseverkäufer. Er war noch genauso dick wie vorher. Seine Augen blickten den Lebkuchenhändler freundlich an. Auch die Pfeife steckte ihm noch im Mund, der jetzt jedoch stets geöffnet blieb, ja eine geradezu wohlgeformte Öffnung aufwies. Daraus hervor quoll ein nie abreißender Rauchfaden, der allerdings nicht mehr nach Tabak roch, sondern – nach Weihrauch duftete.

Als sich der Lebkuchenhändler von seinem Schreck so weit erholt hatte, dass er sich wieder bewegen konnte, machte er auf der Stelle kehrt und rannte, so schnell ihn seine Beine trugen, in das nächstgelegene Dorf, um zu berichten, was ihm widerfahren war. Natürlich schenkte niemand seinen Worten Glauben (zumal niemand je von einem einsamen Haus in der Gegend gehört hatte), bis einige mutige Dorfbewohner (unter ihnen der Pfarrer und ein Arzt) selbst zu dem einsamen Haus gelangten und darin die schrecklich seltsamen Gestalten sahen, die einmal ein Nuss- und ein Tabakhändler gewesen waren.

Die Furcht der Menschen vor den Mächten des Bösen, die hier natürlich ihre Hände mit im Spiel gehabt haben mussten, war damals so groß, dass man sogleich beschloss, das ganze Haus niederzubrennen.

Doch als die Dorfbewohner mit ihren Fackeln an den Ort zurückkamen, war das Haus mitsamt dem Nuss- und dem Tabakhändler verschwunden. Es wurde auch nie wieder gesehen.

Zum Andenken an die grauenvollen und unerklärlichen Ereignisse dieser Christnacht werden seitdem, jedenfalls im Erzgebirge, die vortrefflichsten Nussknacker und Räuchermännchen hergestellt.

Nun werden Sie fragen: Und was ist aus dem Lebkuchenhändler geworden? Erhielt er wenigstens eine Belohnung? Vielleicht fand er statt der Lebkuchen Goldbarren in seinem großen Korb?

Ich kann Ihnen auf all diese Fragen leider keine Antwort geben.

Fest steht, dass ihm sein Leben geschenkt wurde. Und das ist, denke ich, viel kostbarer als Gold.

Außerdem ist die Geschichte von der Entstehung des Lebkuchenmannes eine ganz andere …

Christel Bürkner
Die schlesische Weihnacht

Eigentlich fing es damit an, dass Mutter den Lebkuchenteig anrührte, lange vor dem Fest. So richtig gute Lebkuchen brauchten nach dem Backen schon eine geraume Weile, ehe sie weich und saftig wurden. Allein schon der Duft, der die Küche einhüllte, Kardamom und Zimt, Honig und viele Gewürze, die man als Kind ja nicht so genau definieren konnte. Unsere große weiße Backschüssel nahm alles auf, und dann wurde geknetet und probiert. Da noch ein Quäntchen Sirup oder eine Prise Hirschhornsalz. Wenn Mutter nicht hinsah, naschte ich heimlich. Der Teig war eine zähe, klebrige Masse, und nur ein wirklich gesunder Kindermagen konnte das verkraften. War er fertig und wurde ausgerollt, bekam ich auch Ausstechförmchen und konnte mithelfen. Aber wohlweislich auch ein eigenes Backbrett, denn nach mehrmaligen Ausrollversuchen färbte sich mein Klümpchen Teig noch dunkler, als es von Natur aus schon war. Das meiste landete sowieso in meinem Schleckermaul. Waren alle Plätzchen im Ofen, fing es an zu duften. Vater kam dann auch in die Küche. Während Mutter ein Blech nach dem anderen aus dem Herd holte, stibitzten wir schon die heiße Köstlichkeit.

Große Lebkuchendosen wurden herbeigeschafft und nach dem Erkalten der Plätzchen bis an den Rand gefüllt. Vieles wurde probiert, obwohl die besagten Süßen doch sehr hart waren. Aber bald schon, in ein paar Wochen, würden sie weich und gut sein. Zu dieser Zeit fingen auch all die Heimlichkeiten an. Im Haus, in der Wohnung, schleppte bald jeder von uns etwas mit sich herum. Wo war wohl der beste Platz, um etwas bis Weihnachten zu verstecken? Unser Vater war im Keller tätig und kam bisweilen nur noch zu den Mahlzeiten herauf. Überhaupt, die Speisen vor Weihnachten waren nicht üppig. Man sollte sich die Gelüste aufsparen, damit die Vorfreude auf die vielen guten Dinge so richtig genossen werden konnte. Mutters Heimlichkeiten erstreckten sich bis in die Nacht hinein. Denn tagsüber wurde sie gequält von so vielen Fragen, wenn sie auch nur ein kleines, buntes Tüchlein oder ein Stoffrestchen in der Hand verbarg. Gehäkelt und gestrickt hat sie dann bis in den frühen Morgen. Puppenkinder, die zerzaust aussahen, bekamen unter ihrer Hand wieder Glanz und neue Kleider. Am Heiligen Abend saßen sie dann unter dem Baum, die Annas und Lottchens. Mit blauen und weißen Bändern im Haar, manche hatten sogar neue Schühchen an.

Ich habe damals versucht, mit meinen ungeschickten kleinen Kinderhänden einem grauen Knäulchen Wolle und einer so verflixt glatten Häkelnadel ein Geschenk für Mutter zu entlocken. Die Finger verkrampften sich, und der so erbärmlich wirkende Topflappen war hart wie Stein. Dann warf ich meistens alles erst einmal in die Ecke und verlegte mich aufs Malen. Dabei blieb ich dann, Vater und Mutter freuten sich anscheinend doch immer wieder am meisten über diese «Stillleben» aus meiner Hand. Sie taten jedenfalls so.

Das Wohnzimmer blieb so ab Anfang Dezember für uns Kinder tabu. Der Schlüssel zur Tür wurde versteckt, und nur Mutter oder Vater holten ihn hervor und gingen leise ein und aus. Selbst das Schlüsselloch wurde verstopft, damit auch ja nichts zu entdecken war.

Die Adventszeit war also aufregend und schön zugleich

für uns. Der Breslauer Weihnachtsmarkt mit dem Zauber der Buden, dem Duft nach Zimt und Glühwein. Um diese Zeit lag meist schon der erste Schnee, und wir gingen mit Mutter dorthin, um zu schauen, und auch, um ein wenig zu kaufen. Ich besaß einen kleinen, warmen Muff und eine weiße, herrliche Pelzmütze. Beides war aus Kaninchenfell und alles Handarbeit. Ich stapfte neben Mutter her und begutachtete die vielen Dinge. Hampelmänner in allen Farben. Zinnsoldaten für die Jungen. Man konnte heiße gebackene Äpfel bekommen, knackige Würstchen bei der alten Marktfrau. Ihr Gesicht war hutzelig, und aus ihren müden Augen rannen Bäche von Tränen, durch die Kälte verursacht. Ihre Hände waren rot und rissig. Sie pries immerzu ihre Ware an: «Heiße Wiener, a bissel Mostrich dazu, na, wie wär's, junge Frau?» Mutter ließ mich bei ihr immer für eine kleine Weile zurück und verschwand mit einem Päckchen in einem der alten Häuser, direkt am Rathaus. Im zweiten Stock hatte ein Puppenmacher seine Werkstatt, und mir fehlten ja seit ein paar Tagen zwei meiner geliebten Puppenkinder. Wie gern wäre ich einmal mitgegangen, nach oben in diese Werkstatt. Mutter nahm mich niemals mit, ich weiß bis heute nicht den Grund. Aber es wird schon einen gegeben haben. Kam sie dann zurück, lachte sie und tat sehr geheimnisvoll. Wir gingen zusammen zu Waxmann, einem Süßwarengeschäft. Dort wurde eingekauft, was Kaufladen und Puppenstube so alles nötig hatten. Das meiste war «marzepanisch» oder aus Fondant. Auch Liebesperlen und Zuckerlinsen usw. usw. Während Mutter aussuchte, wurde ich abgelenkt, denn alles um mich herum war Weihnachtsgeheimnis. Pfefferminzbruch kam als Abschluss in eine große Tüte. War die Draufgabe der Chefin selbst. Sie saß nur an der Kasse und sah nobel aus. Sie trug eine Gemmenbrosche an ihrer schneeweißen Bluse. Mutter und sie müssen sich gut gekannt haben, ihre Unterhaltung war immer sehr herzlich.

Dann wurde eingekehrt, meist in den Schweidnitzer Keller, ein Lokal im Rathaus. Jeder Breslauer kannte es. Es war urgemütlich, viele Studenten in ihren bunten Mützen saßen an weiß gescheuerten Holztischen. Wie lang ist das nun alles her!

Wir gingen auch jedes Jahr um diese Zeit ins Breslauer Theater. Vater bekam immer Karten geschenkt. Allein die Vorfreude auf dieses Ereignis war riesig. Meist waren es Singspiele für Kinder, das Ballett «Die Puppenfee» oder «Der Kuchenpeter». Auch «Hänsel und Gretel», die Märchenoper von Humperdinck, stand auf dem Programm. Ich trug dazu ein Kleidchen aus hellblauem Musselin. Der kleine runde Kragen war aus grauem Satin, und mit weißen Strümpfen und schwarzen Lackschuhen war ich wirklich fein herausgeputzt. Wie festlich war alles. Mutter ermahnte mich immer wieder, ja leise zu sein, nicht laut im Theater zu sprechen, überhaupt sich manierlich zu benehmen. Damals fiel mir das noch nicht schwer, die meisten Kinder in meinem Alter waren brav und wohlerzogen. Später, in Bayern, hatte ich so meine liebe Not mit dem Bravsein. Alles zu seiner Zeit!

Nikolause konnten mich damals nicht ergötzen, ich wusste schon, wie es damit aussah. Hatte einmal meiner lieben Tante Margot die Larve vom Gesicht gezogen und war daraufhin mehrere Tage ziemlich verstört. Ich hatte so fest an den heiligen Mann aus dem Himmel geglaubt. Eine Enttäuschung, die wohl jedem Kind nicht erspart bleibt.

Je näher das Christfest heranrückte, umso mehr Arbeit hatten die Eltern. Besonders Mutter gönnte sich keine Ruhe. Sie lief treppauf, treppab. Ihre von Natur aus roten

Wangen wurden noch röter. Verwandte schauten bei uns herein, es wurden Berge von den saftigen Lebkuchen und ofenwarmer schlesischer Streuselkuchen aufgetischt. Jeder freute sich auf das Fest. Nur Mütter wirkten in diesen Zeiten auch gehetzt, genauso wie heute. Es hat sich auf diesem Gebiet nichts geändert. Nur war alles eine Spur leiser und geheimnisvoller. Weder grelles Neonlicht der vielen tausend Lichterketten in den heutigen Warenhäusern störte noch das schrille Gedudel der alten vertrauten Weihnachtslieder, die Kinderherzen begeistern sollten und Eltern in einen Kaufrausch stürzten. Das alles gab es damals noch nicht. Es wurde auch geschenkt, aber viel bedachter als heute. In den Gassen der Stadt huschten die Menschen, Christbäume wurden auf den Märkten angeboten. Sie kamen aus den Wäldern des Riesengebirges, dufteten nach frischem Harz und hatten Schneehauben auf Spitze und Zweigen. Allein diese Bäume trugen auch zum Geheimnis meiner Kinderzeit bei. Erklang am Heiligen Abend die kleine Glocke und die Wohnzimmertür wurde langsam geöffnet, dann war da nur erst einmal dieser Baum! So festlich geschmückt die Spitze mit den silbrig schimmernden Glöckchen daran. Eingesponnen in Fäden von feinem Engelshaar. Sie bewegten sich leise im Wind der Kerzenwärme. Kleine Trompeten und zerbrechliche Kugeln, Lametta und viele echte weiße Kerzen schmückten unsere Tanne. Im Zimmer war es ganz dunkel, nur der Baum strahlte, funkelte und duftete. Die Eltern standen Hand in Hand und schauten auf uns Kinder. Wie dankbar ich damals war, ja, das kann ich heute nur noch erahnen. Selbst in den Kriegsweihnachten haben die Eltern noch immer versucht, uns den Zauber dieser Stunden zu bescheren.

Gerhard Bahr
Die unbekannten Weihnachtsbräuche

Der Teufel tritt in der ostpreußischen Sage keineswegs nur als Bösewicht und Verführer, der Menschen vernichten will, auf; er kann auch eine reine Spukgestalt oder sogar eine lustige Figur sein, die sich am Ende von einem Menschen übers Ohr hauen lässt.

In der vorweihnachtlichen Zeit nimmt er häufig die Gestalt eines Schimmels an und versucht, durch Necken und Befragen der Menschen ihre Laster, Sünden und Schwächen zu erfahren. Sie bekommen am Ende eine Chance, sich zu bessern.

Neben weiteren Helfern in Tiergestalt, wie Storch und Tanzbär, ließ sich der Teufel stets von einem Bettlerweib begleiten, um Almosen einzutreiben, die er gemeinsam mit seinen Kumpanen vertrank. Diese Erklärung soll dem besseren Verständnis des nun folgenden Erlebnisses meiner Eltern dienen.

Beide waren nach ihrer Heirat in ein Dorf des Kreises Bartenstein gezogen, dessen Bräuche sie nicht kannten. Vater betrieb dort eine Stellmacherei in einer ehemaligen Schule. Das Geschäft ging Ende der zwanziger Jahre so schlecht, dass ihnen der Hund vor Hunger ausgerissen war. Den Hofwachdienst übernahmen statt seiner die Weihnachtsgänse, für die das Futter gerade noch reichte. Wenige Tage vor Heiligabend schwang sich der Meister auf sein Fahrrad, um von den Bauern das Geld für die Reparaturen an ihren Erntewagen einzutreiben. Die Frau

Meisterin wollte während seiner Abwesenheit Pfefferkuchen backen.

Sie fürchtete sich, alleine zu sein, das heißt, so gänzlich verlassen war sie eigentlich nicht; denn ich lebte ja schon, hatte aber noch nicht das Licht der Welt erblickt. Dieses freudige Ereignis stand im Januar bevor. Unter diesen Umständen fiel ihr das Teigkneten recht schwer.

In den Verschnaufpausen setzte sie sich auf die Ofenbank, summte ein Weihnachtsliedchen oder unterhielt sich mit mir: «Na, du Rackerchen, wirst du nicht so mit den Beinen strampeln … Es gefällt dir wohl nicht, wenn ich mich vor dem Backofen bücke. Wenn du nicht brav bist, bringt dir der Weihnachtsmann nicht die versprochene Wiege, dann musst du wie das Christkind in einer Futterkrippe schlafen.»

Plötzlich schnatterten lautstark die Gänse auf dem Hof, eilige Schritte näherten sich der Haustür, dann wurde sie weit aufgerissen, ein heftiger Windstoß fuhr durch die Wohnung und blies das Feuer aus. In die Wohnküche stürmten mit lautem Getöse vermummte Gestalten. Die eine hopste unbeholfen auf einem hölzernen Spielzeugpferdchen herum, die nächste hielt sich einen langen roten Storchenschnabel vor das Gesicht und versuchte mit diesem in gebückter Haltung, der Hausfrau in ein Bein zu piken. Dieser dumme Storch konnte sich offensichtlich nicht mehr daran erinnern, dass er sein Vorhaben vor einigen Monaten bereits erfolgreich ausgeführt hatte. Als das Bettelweib die Situation erkannte, war es zu spät. Sie konnte die in Ohnmacht Sinkende gerade noch mit ihren Händen auffangen und sanft auf die Holzdielen legen. Dann nahm sie ihren Bettelstab und trieb den Schimmelreiterzug mit Stockschlägen wieder zur Tür hinaus.

Der einige Zeit später heimkehrende Ehemann fand

eine offen stehende Tür, eine verwüstete Küche, eine geleerte Schnapsflasche und seine Frau ausgestreckt auf dem Fußboden vor.

Er und ich haben sie dann gemeinsam aus tiefer Ohnmacht in die Wirklichkeit zurückgeholt. Nach dem Trösten und Erzählen des Erlebten beruhigte sie sich wieder relativ schnell. Schließlich musste sie über die Erfahrung mit einem unbekannten Brauch herzhaft lachen.

Am nächsten Vormittag bellte der inzwischen heimgekehrte Hund. Es erschienen ein Bäckergeselle, ein Schornsteinfegerlehrling sowie die großen Kinder eines benachbarten Bauern mit einer fetten Weihnachtsgans unangemeldet zu Besuch und baten nach Übergabe des Geschenkes höflich um Verzeihung, die gewährt wurde.

Als im Januar meine Taufe in der alten Stockheimer Kirche stattfand, standen hinter dem verblüfften ehrwürdigen Herrn Pastor am Taufbecken die Gestalten des Schimmelreiterzuges. Nach der Taufe spielte der Organist das schöne Kirchen- und Kinderlied «Weißt du, wie viel Sternlein stehen». Dann begann der schwarze hölzerne Adler, der so merkwürdig über den Orgelpfeifen thronte, mit den Flügeln zu schlagen, sodass ein silbernes Glöckchen in Schwingung geriet und läutete. Es war das Signal für die Spukgestalten und die Taufgemeinde, das Gotteshaus zu verlassen.

Auch mit dieser Besonderheit waren die Eltern nicht vertraut, denn es handelte sich um einen Mechanismus, der nur an besonderen Festtagen ausgelöst wurde, um die bösen Geister zu vertreiben – ein heidnischer Brauch in einer christlichen Kirche, wie er sonst in Ostpreußen nicht anzutreffen war.

Ingeborg Schiffer
Die Sache mit der heiligen Soße

Als sie jung verheiratet waren, feierten sie ihr erstes Weihnachtsfest bei ihren Eltern mit den jüngeren Geschwistern, der Großmutter und der Großtante zusammen in alt gewohnter Weise. Es wäre auch schlecht möglich gewesen, in ihrer Einzimmerwohnung einen Tannenbaum aufzustellen. In den fünfziger Jahren waren Wohnungen noch Mangelware. Der Bauboom setzte erst Anfang der sechziger Jahre so richtig ein. So war es ihnen trotz vieler Bemühungen nicht gelungen, eine eigene Wohnung zu bekommen.

Im nächsten Jahr hatten sie dann eine. Sie war zwar sehr primitiv, ohne Wasser, ohne WC, ohne Heizung, aber immerhin hatten sie drei kleine Räume in einem über 200 Jahre alten Haus. Doch nur einer war mit einem Kachelofen heizbar.

Inzwischen war ein Christkindchen geboren worden. So wollten sie das zweite Weihnachtsfest wieder daheim in der großen Familie feiern. Den Eltern war es schon gelungen, ein Haus mit Heizung zu bauen, da war es warm und gemütlich. Außerdem wollten die anderen Familienmitglieder das staunende Kindchen am Weihnachtsbaum miterleben. Das Kindchen war schon bald ein Jahr alt. Ein Weihnachtsfest ohne Kinder ist doch eine ziemlich nüchterne Angelegenheit. Die Freude der Kinder überträgt sich auf die Erwachsenen.

Sie wollten also am 24. Dezember vormittags mit Bus und Bahn anreisen. Und wenn die Entfernung auch nur knapp vierzig Kilometer betrug, so war damals solch eine Reise ohne Auto mitunter eine recht umständliche und beschwerliche Angelegenheit. Wenn zum abgelegenen Bahnhof kein Bus fuhr, musste man den Kinderwagen manchmal drei oder vier Kilometer durch den Tiefschnee schieben und kam dabei mächtig ins Schwitzen.

Für das Kindchen gab es keine Pampers, das heißt, dass man einen Windelvorrat mitnehmen musste, der auch zu waschen war. So bequem, wie es junge Mütter heute haben, war es nicht. Wie dem auch sei, es wurde abgesprochen und beschlossen, Weihnachten in der Großfamilie zu feiern.

Doch dann kam es ganz anders. Am Morgen des 24. Dezember hatte das Kindchen plötzlich hohes Fieber und starke Rötungen am ganzen Körper. Der Arzt wurde geholt. Es stellte sich heraus, dass es der Beginn einer Windpockeninfektion war. An Reisen war nicht mehr zu denken. Also mussten sie Weihnachten in ihrer kleinen Wohnung allein feiern.

Aber um Weihnachten feiern zu können, braucht man einen Tannenbaum mit Kerzen, wenn es nicht ganz trostlos werden sollte. Und zum Heiligen Abend gehört das traditionelle Abendessen der Familie, die braune Fischtunke oder Pfefferkuchen-Rosinensoße, wie sie auch genannt wird. Und es gehören die schlesischen Weißwürste und Sauerkraut dazu. Ja und überhaupt, wie wird diese Soße zubereitet? Was kommt alles da rein? Nun gab es Probleme über Probleme.

Der junge Vater wurde losgeschickt, um noch einen kleinen Tannenbaum aufzutreiben. Den bekam er vom Förster, der gegenüber wohnte, das war schnell besorgt. Aber nun stellten die jungen Eltern fest, dass sie gar keinen Christbaumständer hatten. Der junge Vater fuhr mit seinem Motorroller in die nahe liegende Kreisstadt und trieb wahrhaftig noch einen Ständer, etwas Lametta und ein paar Kerzen auf. Woran er allerdings nicht gedacht hatte, das waren Kerzenhalter. Die liehen ihnen die freundlichen Mitbewohner im Haus aus.

Auch musste er von der Post aus bei den Schwiegereltern anrufen, um mitzuteilen, dass sie nicht kommen konnten. Nur wenige Leute hatten damals ein Telefon.

Das Tannenbäumchen wurde aufgestellt und geschmückt, sodass es in der Stube wenigstens weihnachtlich aussah.

Das Kindchen schlief, nachdem es vom Arzt ein Medikament bekommen hatte. Als es erwachte, schaute es ganz verwundert auf das Bäumchen.

Aber die Sache mit der Soße, die klappte nicht. Die junge Frau wusste nicht, wie die Soße zubereitet werden sollte. Sie war darüber sehr traurig, denn diese Soße gehörte zum Heiligen Abend. Ihr Mann tröstete sie und fand es überhaupt nicht schlimm. Sie könnte ruhig einen Kartoffelsalat zubereiten, und dann würden sie eben Wiener Würstchen und Kartoffelsalat essen, das war nämlich in seiner Familie Brauch.

So feierten sie also Weihnachten mit Würstchen und Kartoffelsalat, dem kleinen Tannenbäumchen und dem staunenden Kindchen. Aus dem neu erworbenen Radio ertönten Weihnachtslieder, die sie leise mitsangen. Nachdem das Kindchen wieder eingeschlafen war, las der junge Vater seiner Frau Weihnachtsgeschichten vor, während seine Frau Socken strickte. Dann wünschten sich die vier Familien in diesem alten Haus ein gesegnetes Weihnachtsfest. Sie hatten alle zusammen nur ein einziges Plumpsklo außerhalb des Hauses und einen gemeinsamen Waschkessel, in dem sie ihre Wäsche auch gemeinsam kochten.

Aber sie hatten eine wunderbar friedliche und hilfsbereite Hausgemeinschaft.

So war nun der Heilige Abend still vorübergegangen. Doch irgendetwas hatte gefehlt. Das war die Soße, die braune Fischtunke, die es nur am Heiligen Abend gab.

Günter Schiwy
Die Sternensinger und die Weihnachtszeit

In Kreuzofen und Kurwien haben sich im Laufe der Jahrhunderte eigenständige Sitten und Gewohnheiten im kirchlichen Leben entwickelt, die noch vielfach auf heidnische Überlieferungen der Vorfahren zurückzuführen waren. Sie prägten durch die Zeit das christliche Leben, in deren Mitte der Gottesdienst der Kirche und im Hause stand. Doch der alte Götterglaube des preußischen Stammes der Galinder fand sich in vielen ihrer Lieder, Sagen und Märchen sowie Bräuchen wieder. Er war tief im Volksglauben vieler Dörfer im Kreis Johannisburg verwurzelt, weil er der Wesensart dieser Menschen entsprach. Gerade das konservative Verhalten der masurischen Bevölkerung hatte mancherlei kirchliche Traditionen und Eigentümlichkeiten auf dem Land, zum Trotz gegen die Obrigkeit, bis 1945 weitergepflegt. Und da die Heimat für mich Zuflucht in das verlierbare Reich der Erinnerungen bedeutet, möchte ich einige davon schriftlich festhalten.

Die Masuren waren mit der Scholle und Natur enger verbunden, als wir es heute sind. Der Rhythmus des Tages- und Jahresablaufs bestimmte ihr Empfinden und Handeln. Für die Landbevölkerung war das Wetter ein lebenswichtiger Faktor. Es gab vieles zu beachten, was ernst genommen werden musste.

Selbstverständlich war Kreuzofen, das im Herzen der Johannisburger Heide lag, davon nicht ausgenommen. Auch hier bestimmte der Jahresablauf mit seinen christlichen Feiertagen das dörfliche Geschehen.

Ich möchte daher meine Betrachtung mit dem Kirchenjahr beginnen, und zwar mit dem Weihnachtsfestkreis am 1. Advent: Adventskranz, Adventsalraune, Adventskerzen, Tannenduft! Nach Buß- und Bettag sowie dem Ewigkeitssonntag (Totensonntag) beginnt das neue Jahr der Kirche mit einem Ausrufezeichen: Christ, du darfst dich freuen!

Die Adventszeit weckt in mir immer allerlei gute Erinnerungen an unbeschwerte Tage der Kinderzeit in Kreuzofen. Es sind Tage der Empfindungen mit der Familie und mit guten Freunden. Auf Advent möchte ich nie verzichten! Es ist die stille Zeit des Kirchenjahres.

In den «Heiligen Nächten» durften bestimmte Arbeiten, besonders aber jene, die sich mit dem Drehen verbanden, nicht verrichtet werden. So liefen in diesen Tagen keine Rosswerke, keine Dreschmaschinen, keine Webstühle, keine Spinnräder und keine Nähmaschinen. Andernfalls brachten sie Unglück. Aber es durfte auch keine Wäsche gewaschen und aufgehängt werden.

Am Heiligabend erhielt das Vieh eine besonders große Portion guten Futters. Es sollte ebenfalls an die Geburt Jesu Christi erinnert werden. Bestes Getreide und Heu wurden zusätzlich zum gewöhnlichen Futter an die Tiere ausgegeben. Es war ein in der Qualität aufgebessertes Mischfutter.

Am 4. Adventssonntag wurde abends in der Volksschule von den Schulkindern ein Krippenspiel aufgeführt, an dem das ganze Dorf teilnahm. Alle Schüler freuten sich auf dieses Ereignis. Jeder von ihnen wollte nach Möglichkeit daran beteiligt werden.

Bei uns in Kreuzofen war es Brauch, dass in der Weihnachtszeit die «Sternensinger» durch das Dorf gingen. Es waren Jugendliche zwischen 15 und 25 Jahren. Am 1., 2.,

3. und 4. Advent morgens und abends, am Morgen und Abend des Heiligabends, am 1., 2. und 3. Weihnachtstag, am Silvesterabend sowie am Morgen und Abend des Neujahrstages gingen die jungen Männer und Frauen durch das Dorf und sangen Advents- und Weihnachtslieder. Voran wurde ein beleuchteter Weihnachtsstern mit der Aufschrift «Friede auf Erden» auf einer Stange getragen. Dahinter formierten sich die Reihen der Dorfjugend. Links und rechts jeder Reihe ging ein junger Bursche mit einer Karbidlampe und leuchtete in die aufgeschlagenen Gesangbücher der singenden Mädchen, damit sie die Texte lesen konnten. Sowohl morgens als auch abends war es eine durchaus feierlich-dörfliche Angelegenheit, wenn die Dorfjugend bei kristallklarer Nacht und knirschendem Schnee singend von einem Dorfende zum anderen und zurück zog. Überall standen am Abend die Dorfbewohner an den Straßenfenstern ihrer Häuser und schauten und hörten den «Sternensingern» zu.

Die Kreuzofener feierten Ostern, Pfingsten und Weihnachten bis zur Vertreibung im Januar 1945 den 1., 2. und Drittfeiertag. Die drei Feiertage wurden mit der Dreieinigkeit begründet.

Am Heiligabend, als ich ein wenig älter war, bin ich am Morgen des 24. Dezember mit einem Beil in den nahen Wald gegangen, um einen gleichmäßig gewachsenen, etwa 2 Meter hohen Tannenbaum (Fichte) zu holen. Er musste vom Fußboden bis zur Zimmerdecke reichen.

Anschließend habe ich die Fichte, nachdem meine Mutter sie für gut befunden hatte, im Holzschauer (Stall) in einen großen Holzkreuzfuß geschlagen und in das «gute Wohnzimmer» gestellt. Das Schmücken des Weihnachtsbaumes war Mutters Angelegenheit. Um ca. 16 Uhr begann die Bescherung. Draußen und im Haus herrschte eine große Stille. Es war kein Laut zu vernehmen. Das «Wunder von Bethlehem» stand bevor.

Plötzlich läutete Vater die Weihnachtsglocke. Es war so weit! Kerzenschein und Tannenduft erfüllten das Haus. Ergriffen schauten wir auf den festlich geschmückten Baum. Jeder von uns Kindern sagte sein Gedicht auf. Dann durften wir unter den Weihnachtsbaum, wo für jeden von uns Geschenke und «Bunte Teller» lagen.

Falls ein junger Mann zur Verfügung stand, kam zu uns der Weihnachtsmann. Er trug einen umgekehrten Pelz mit roter Pelzmütze, einen langen weißen Bart, einen Jutesack und eine Rute. Er klopfte polternd an. Dann ließ er sich einzeln die Weihnachtsgedichte aufsagen, fragte, ob alle Kinder artig gewesen seien, und übergab jedem einzelnen Kind nach dem Gedichtvortrag die Gaben. Oft musste die Mutter wegen der Furcht vor dem Weihnachtsmann helfend und beschwichtigend eingreifen.

Im Kachelofen knackte das trockene Ofenholz. Seine grünen Kacheln strömten eine wunderbare, anheimelnde Wärme aus. Das ganze Haus war warm, still, dieser Welt entrückt, einfach ein Reich für sich!

Und wenn es der liebe Gott wollte, dann schneite es draußen. Das war nun die tiefste und schönste Erfüllung menschlichen Glücks, die die Natur uns schenken konnte. Der Himmel war uns hold und freundlich gesonnen in jener Weihnachtsnacht. Es kam uns allen wie ein Traum, wie ein Wunder vor. Die kindlich weihnachtliche Stimmung erfasste auch die Eltern!

Nachdem wir uns mit den Geschenken vertraut gemacht hatten, sangen wir gemeinsam am strahlenden Weihnachtsbaum einige Weihnachtslieder, bevor Vater aus der Familienbibel die Weihnachtsgeschichte vorlas.

Frömmigkeit erfüllte unsere Herzen. Es herrschten im Haus Freude und Glückseligkeit!

Anschließend setzten wir uns in das andere Wohnzimmer zum Festessen an den schweren Eichentisch. Es gab Gänsebraten mit Backpflaumen und geschmorten Äpfeln.

Nach dem Weihnachtsessen versammelten wir uns alle wieder am wärmenden Kachelofen um den Weihnachtsbaum. Mutter nahm das Gesangbuch in die Hand, und wir fünf Kinder sangen aus vollem Herzen Weihnachtslieder.

Das Weihnachtsgeschehen wurde damals von uns viel intensiver und inniger erlebt. Es erfüllte uns alle eine selig machende Feierlichkeit. Es war das Gefühl der Liebe, der Wärme, der Geborgenheit, der Sicherheit und des Behütetseins. Weihnachten war für mich der Höhepunkt des Kindseins. Vom Weihnachtsfest ging ungeahnter Zauber aus. Es wurden so viele zu Herzen gehende Kirchenlieder gesungen.

Am 1. Weihnachtstag begann das Fest mit einem Gang zur 3,5 km entfernt gelegenen Kirche nach Klein Kurwien, wo wir die Großeltern väterlicherseits begrüßten. Die Landwirte und Bauern fuhren beim hellen Klang ihrer Schlittenglocken, in Pelze und Decken gehüllt, durch den winterlichen Wald. Die vielen Schlittenglocken und Schellen klangen wie eine weihnachtliche Melodie, die durchdrungen wurde von dem tiefen Klang der beiden Kirchenglocken. Das alles gab dem tief verschneiten Wald eine feierliche Note.

Nach dem Gottesdienst wünschten sich die Kirchgänger gegenseitig ein frohes und gesegnetes Weihnachtsfest und tauschten ihre Neuigkeiten aus.

Weihnachten besuchten sich die Nachbarn, saßen im «guten Wohnzimmer», plauderten und tranken ein Gläschen Grog oder Bärenfang. Man feierte schließlich Weihnachten, das Fest der Familie und Freude!

Obgleich Silvester nicht zu den kirchlichen Festen gehört, muss es wegen der kulturellen Vielfalt dennoch in den Kreis der dörflichen Sitten und Gebräuche mit einbezogen werden.

Am Silvesterabend wurde ein Bursche als Bär verkleidet. Er trug ein Gewand aus Erbsenstroh. Das Erbsenstroh wurde ihm um den Körper gewickelt. Ein Bärenführer hielt ihn an einer Eisenkette und führte ihn von Haus zu Haus. Weitere Jugendliche spielten Mund- und Ziehharmonika sowie die Teufelsgeige. Der Bär musste schwerfällig tanzen und brummen. Vor allen Dingen trieb er mit den jungen Mädchen des Dorfes seine Späße. Hatte er es auf ein Mädchen abgesehen, so hatte sie es schwer, sich aus seinen Tatzen zu befreien. Sie wurde tüchtig in den Arm genommen und geherzt und abgeküsst. Die den Bär begleitenden Jugendlichen sind mit Esswaren, Schnaps und Geld belohnt worden. Die Geschenke haben sie später unter sich aufgeteilt.

In der Silvesternacht trieben die jungen Burschen noch weitere Späße. So hakten sie die Hof- und Gartentore aus und schleppten sie an eine andere Stelle des Ortes. Sie brachten es auch fertig, Teile des Ackerwagens aufs Dach zu tragen und dort zu befestigen. Unter anderem fand man auf seinem Schornstein ein Wagenrad und den Ackerwagen am oder auf dem Eis des Sees. Was dieser Brauch bedeutete oder was er bezwecken sollte, ist mir nicht bekannt. Er geht auf alle Fälle auf heidnische Überlieferungen zurück.

Der Brauch des morgend- und abendlichen «Sternensingens» in der Advents- und Weihnachtszeit sowie der Silvestertradition ist bei uns in Kreuzofen bis Januar 1945 beibehalten worden. Die Polen haben diese und andere Überlieferungen nicht fortgeführt, was ich außerordentlich bedauere!

Helmut Schultz
Adventsfahrt nach Goslar

Im Schaufenster eines Reisebüros wurde auf einer Tafel eine Advents-Tagesfahrt mit dem Bus nach Goslar angeboten. Ich war zwar schon mal in Goslar, hatte dort die Kaiserpfalz besucht und war durch die engen Gassen der Altstadt mit ihren hübschen Fachwerkhäusern spaziert, aber es gab da noch vieles, was ich gerne gesehen hätte. Also ging ich in das Reisebüro und buchte die Fahrt kurz entschlossen.

Am Reisetag ging's morgens schon sehr früh mit einem Doppeldeckerbus los. Ich saß auf dem Oberdeck neben einem unsympathischen Menschen. Da der Bus voll besetzt war, gab es für mich leider keine Ausweichmöglichkeiten. Aber ansonsten war alles o. k.

Als der Muffel neben mir plötzlich anfing, wie ein Walross zu husten und zu niesen, war es mit dem letzten Funken Sympathie vorbei. Ich drehte mich abrupt um und kehrte dem Walross den Rücken zu. Ich saß so zwar etwas unbequem, aber ansonsten war alles o. k.

Auf der Autobahn kamen wir in einen Stau. Unser Reiseleiter erkundigte sich und hörte, dass die Autobahn wegen des Abrisses einer alten Brücke voll gesperrt war, was er uns über die Lautsprecheranlage mitteilte. Wir mussten zwar warten und warten, aber ansonsten war alles o. k.

Schon nach einer Stunde ging's weiter. Unser Reiseleiter fing nun an, einen Vortrag über Goslar zu halten, wobei er es allerdings mit der Wahrheit nicht so genau nahm. Weil aber alle Reisenden seine Märchen zu glauben schienen, war ansonsten alles o. k. Als er dann den Bach Gose unverschämterweise in Gosse umtaufte und die Oker, die zur Aller fließt, die ihrerseits in die Weser mündet, kurzerhand in die Elbe umleitete, bekam ich wegen dieser kühnen Eingriffe in die Natur leichte Bauchschmerzen, aber ansonsten war alles o. k.

Kurz vor dem Ziel sagte der Reiseleiter durch, dass die Rückfahrt auf 16 Uhr festgesetzt worden war. In Goslar endlich angekommen, war dort alles verschneit. Ich stürmte sofort los, denn durch den Stau hatte sich die Aufenthaltszeit um eine Stunde verkürzt. Zuerst wollte ich im Rathaus den schönen Huldigungssaal besichtigen. Doch dort hing der Hinweis: Wegen Bauarbeiten geschlossen. Da hatte ich zwar Pech, aber ansonsten war alles o. k.

Ich ging nun über den hübschen Weihnachtsmarkt und bewunderte den überdimensionalen Weihnachtsmann mit seinem Rentierschlitten. An einer Bude prangte ein Schild mit der großen Aufschrift: BRATWÜRSTE. Da wollte ich erst einmal etwas essen.

Als ich näher kam, sah ich unter dem Wort BRATWÜRSTE den ganz kleinen Zusatz: aus Pferdefleisch. Weil mir aber Pferde auf der Wiese lieber sind als im Magen, wurde aus meinem Bratwurstverzehr leider nichts. Aber ansonsten war alles o. k.

Ich verließ den Weihnachtsmarkt und ging in ein nahes Restaurant. Dort ließ ich mich von der netten Serviererin überreden und bestellte ein Goslarer Schlemmermahl. Als ich hungrig meinem Essen entgegenharrte, entdeckte ich an der Wand die Notiz: Alle Gerichte werden frisch zubereitet, es entsteht daher eine Wartezeit von mindestens 30 Minuten. Ich wartete geduldig eine drei viertel Stunde und verschenkte damit kostbare Zeit, aber ansonsten war alles o. k. Das Essen schmeckte sehr gut. Es übertraf alle meine Erwartungen, was ich von dem Preis ebenfalls sagen konnte. Als ich bezahlt hatte, war mein Geldbeutel zwar fast leer, aber ansonsten war alles o. k.

Ich eilte nun die Rosentorstraße entlang. Da ging plötzlich mit Getöse genau vor mir eine Dachlawine nieder. Der Schneehaufen wog bestimmt ein paar Zentner. Meine Schuhspitzen hatten zwar noch etwas abbekommen, aber ansonsten war alles o. k.

Ich kam zur Neuwerkkirche und wollte sie besichtigen. Am Eingang sah ich den Zettel: Heute keine Besichtigung. Ich war zwar enttäuscht, aber ansonsten war alles o. k.

Nun schlenderte ich gemütlich am Weberturm und Teufelsturm vorbei, ging durch das Breite Tor, war am Annenhaus und bestaunte den Zwinger. Ich wunderte mich, dass schon seit einer Stunde nichts Unangenehmes mehr passiert war, auch ansonsten war alles o. k.

Um 15.45 Uhr war ich wieder am Bus, aber der war noch abgeschlossen. Ich wartete. Um 16 Uhr kamen alle Oberdeckreisenden, aber keiner vom Unterdeck, auch der Fahrer und der Reiseleiter fehlten. Was war geschehen? Wir warteten. Erst um 17 Uhr kamen alle an. Wir fragten den Reiseleiter. Der erklärte: «Ich habe doch durchgesagt, dass wir wegen des Staus auf der Autobahn erst um 17 Uhr abfahren.»

«Sie haben gesagt, dass wir um 16 Uhr abfahren», sagte ich unwirsch, «von 17 Uhr wissen wir nichts.»

«16 Uhr habe ich zuerst gesagt, aber dann habe ich die Zeit auf 17 Uhr verbessert», verteidigte er sich.

Der Fall wurde nun genau untersucht. Es stellte sich heraus, dass der Lautsprecher auf dem Oberdeck kaputtgegangen war. Das musste ausgerechnet zwischen der ersten und zweiten Durchsage des Reiseleiters geschehen sein, sodass nur die Unterdeckreisenden von der Änderung erfahren hatten. Die Oberdeckreisenden waren dadurch zeitmäßig zwar sehr benachteiligt worden, aber ansonsten war alles o. k.

Gegen 17.30 Uhr fuhr der Bus endlich los. Neben mir saß wieder das prustende Ekelpaket, und auf der Autobahn herrschte stellenweise dichter Nebel, der unsere Fahrt stark behinderte, aber ansonsten war alles o. k.

Wir erreichten gut unsere Stadt, und ich kam gut zu meiner Straße. Es war zwar schon ziemlich spät, aber ansonsten war alles o. k.

Als ich meine Haustür aufschließen wollte, ließ sie sich nicht öffnen. Ich versuchte es immer wieder, aber ohne Erfolg. Da klingelte ich beim Hauswart. Aber der meldete sich nicht. Ich schmiedete abenteuerliche Pläne. Doch ich klingelte erst einmal bei einem Parterremieter. Es dauerte etwas, bis sich eine verschlafene Stimme meldete. Ich nannte meinen Namen, entschuldigte mich und schilderte meine Situation. Er kam im Schlafanzug aus seiner Wohnung und versuchte, die Haustür von innen aufzuschließen. Aber auch das ging nicht. Wir probierten beide noch lange, aber nichts tat sich. Da sagte er schließlich: «Wissen Sie was, ich gehe in meine Wohnung, öffne das Vorderfenster, und Sie klettern einfach hinein. Ich lasse Sie dann aus der Wohnungstür zur Treppe, und Sie können hoch zu sich. Morgen werden wir dann weitersehen.» Ich kletterte also mitten in der Nacht durch ein fremdes Fenster und gelangte ausgerechnet in sein Schlafzimmer, wo sich die Ehefrau schnell die Decke über den Kopf zog, wahrscheinlich wegen der eindringenden kalten Luft.

Ich kam endlich in meine Wohnung.

Zu erwähnen wäre noch, dass im Badezimmer die Glühlampe durchknallte und ich die Zähne im Dunkeln putzen musste.

Als ich dann im Bett lag, war ich zwar etwas müder als üblich, aber ansonsten war alles o. k.

Jutta Lindenthal
Weihnachtliche Spurensuche

Sie hatten sich so darauf gefreut, Weihnachten in Deutschland zu verbringen!

Henriette und Paul Schumann wanderten vor vielen Jahren nach Kanada aus. Sie gründeten dort eine Familie, zu der inzwischen drei Kinder und fünf Enkel zählten, bauten ein Haus; kurzum, schon bald waren die beiden in der neuen Heimat fest verwurzelt.

Trotzdem verfolgte das Paar interessiert alle Nachrichten, die zu ihnen herüberdrangen. Viel war das nicht gewesen, allerdings hatte es ausgereicht, das Andenken, aber auch das Heimweh wach zu halten.

Jetzt, an ihrem Lebensabend, wurde der Wunsch immer größer, noch einmal auf den Spuren der Vergangenheit zu wandeln. Sie fassten den Entschluss, das Christfest in Schleswig-Holstein zu erleben und dabei die Stadt ihrer Kindheit wieder zu entdecken.

Eine Woche vor dem Heiligen Abend trafen sie erwartungsvoll ein. Es herrschte nasskaltes Schmuddelwetter. Die beiden Besucher störte das wenig, gehörte doch gerade diese Witterung zu den Weihnachtsfesten ihrer Erinnerung. In einem Hotel, direkt an der Ostsee, fanden sie ein gemütliches Zimmer.

Am nächsten Tag stiegen die beiden tatendurstig in das bestellte Taxi. «Wo soll es denn hingehen?» Der Fahrer sah sie fragend an. Eifrig erklärte Paul ihr Vorhaben, nannte dann den Namen der Straße. «Na, dann wollen wir mal!» Der Chauffeur lenkte vorsichtig den Wagen in den Verkehrsstrom. Durch weihnachtlich geschmückte Straßen ging es zum gegenüberliegenden Ufer der Stadt. Schließlich hielten sie.

«Dieses ist die Adresse, die Sie mir angaben!» Erstaunt musterten die Schumanns die Gegend. Alles erschien fremd. Die einst vertrauten Häuser der Kindertage waren verschwunden. An ihrer Stelle säumten jetzt moderne Neubauten aus rotem Backstein die verbreiterte Fahrbahn. Henriette suchte den Eckladen der Bäckerei. Auch ihn gab es nicht mehr. «Weißt du noch», meinte sie sinnend, «unsere Mütter brachten jedes Jahr, kurz vor dem Fest, die vorbereiteten Kuchenbleche hin. Und später, beim Abholen der fertigen Backwaren, steckte die nette Verkäuferin uns Kindern stets etwas Süßes zu.»

«Das stimmt, aber erinnerst du dich an das Schaufenster? Die Bäckersleute schmückten es in der Vorweihnachtszeit besonders schön. Wir kleinen Butschers drückten uns daran immer nach der Schule die Nasen platt. Einmal, ich war vielleicht sieben oder acht Jahre alt, konnte ich mich schwerer als sonst von diesen Auslagen losreißen. In der Mitte stand ein Knecht Ruprecht, und daneben prangte ein richtiger Schlitten aus Holz und Eisen. Ich wünschte mir nichts anderes als gerade diesen Schlitten. Aber mein Traum blieb unerfüllt. Die Eltern versuchten mich zu trösten und meinten, wir hätten so selten Schnee. Wozu sollte der Weihnachtsmann also einen Schlitten bringen? Später erkannte ich dann den wahren Grund: Für unsere Familie, die nur über ein kleines Einkommen verfügte, war es natürlich wichtiger, dass es zur Bescherung warme Kleidung für die Kinder gab und vielleicht, als Luxus, eine Apfelsine, ein paar Nüsse oder einmal ein Stückchen Schokolade. Ja, das ist lange her.»

Der Taxifahrer holte seine Fahrgäste in die Wirklichkeit zurück. «Was halten Sie davon, wenn ich ein wenig am Wasser entlangfahre? Dort werden Sie vielleicht mehr wieder erkennen.» Die zwei stimmten zu, mit den Gedanken noch in einer früheren Zeit.

Nach einigen Minuten entdeckten sie an der Kaistraße tatsächlich eine ganz bestimmte Stelle. Oft hatten sie hier gesessen und auf die Förde hinausgesehen, dem Hafendampfer, der durch die Wellen auf den Anlegesteg zu stampfte, entgegen. In der Adventszeit schmückte ihn ein kleines Nadelbäumchen, das zwischen den Aufbauten festgezurrt war.

«Sieh mal, kommt dir diese Stelle dort am Strand nicht auch bekannt vor? Im Sommer gingen wir mit den anderen Kindern oft zum Baden hin. Wir betrachteten die ein- und auslaufenden Schiffe und versuchten zu erraten, aus welchen Ländern sie wohl stammen mochten.» Paul wies auf eine Stelle auf der anderen Seite des Wassers. «Lass uns morgen hinüberfahren!»

In den nächsten Tagen feierte das Paar Wiedersehen mit seiner Stadt. Sie spazierten durch die mit festlichem Grün und vielen Lichtern dekorierte Fußgängerzone. An einem Spätnachmittag lauschten sie andächtig dem Adventsgottesdienst in ‹ihrer› Kirche am Marktplatz. Hier waren sie vor vielen Jahren getraut worden. Ein anderes Mal fuhren sie mit der Hafenbarkasse von Anlegestelle zu Anlegestelle, besuchten ehemalige Fischerdörfer sowie die großen Schleusen am Eingang des Kanals.

Endlich war der Heilige Abend herangekommen. Sie saßen im Speisesaal ihres Hotels und warteten auf das bestellte Menü. Aus den Lautsprechern erklang leise Weihnachtsmusik. Nur einige wenige andere Gäste belegten die Nachbartische. Die Tafel verschönerte ein prächtiges Gesteck mit einer dicken brennenden Kerze. Aber die rechte Stimmung mochte bei beiden nicht aufkommen. Es wurde serviert. Lustlos aßen sie von den Köstlichkeiten.

«Der Spaziergang am Nachmittag gefiel mir gut.» Die alte Dame unterbrach das Schweigen. Sie waren am Hafen entlanggegangen. Schneidende Kälte hatte die Gesichter rot gefärbt. Dunstschleier lagen über der Förde. Weit draußen, auf dem Meer, klang ein einsames Nebelhorn zu ihnen herüber. Die Werft mit dem gewaltigen Kran lag im trüben Scheinwerferlicht. Immer seltener begegneten ihnen andere Fußgänger. Die meisten hatten heute ein Ziel, dem sie eilig entgegenstrebten. Aus den Fenstern leuchteten Kerzen, und aus manchen Wohnzimmern drang fröhliches Kinderlachen zu ihnen heraus.

«Ja, der Weg hat mir ebenfalls gefallen», erwiderte er. «Der Kai ist ein kleines Stückchen Altbekanntes gewesen, Henriette, wie wir es von früher kennen, aber sonst kommt mir die Stadt fremd vor. Es hat sich zu viel verändert.»

«Das ist doch nur natürlich, die Zeit bleibt nicht stehen.»

«Du hast schon Recht, aber weißt du, dieses Weihnachtsgefühl, dieses Nachhausekommen, wie wir es uns in Toronto vorstellten, das fehlt.»

«Hat es Ihnen geschmeckt?» Der freundliche Kellner deckte den Tisch ab.

«Danke, sehr gut.» Der alte Herr antwortete mechanisch, stellte seinen Stuhl zurück. Langsam leerte sich der Speisesaal. «Setzen wir uns ein wenig in die Hotelhalle.» Aufmunternd sah sie ihren Mann an. Aber auch hier wirkte alles ausgestorben. Lediglich der Portier schaute kurz zu ihnen hinüber. In der Mitte stand ein großer Tannenbaum, verziert mit unzähligen elektrischen Kerzen. «Ganz genauso sieht es bei uns aus», brummte Paul unzufrieden. Plötzlich bemerkten sie, wie ein Kellner auf eine Tür zustrebte. Als er sie öffnete, hörten sie leise Weihnachtslieder. Kurze Zeit später schlüpfte eines der Zimmermädchen in diesen Raum, und wieder drangen Klänge zu ihnen heraus.

Die zwei alten Leute wechselten einen Blick, standen auf. «Der Zutritt ist nur für das Personal gestattet.» Die Stimme aus der Rezeption stoppte sie. Als sie sich jedoch enttäuscht abwandten, kam es zögernd: «Warten Sie, wenn Sie wollen, nehme ich Sie mit hinein. Meine Schicht ist gerade zu Ende. Wissen Sie, das ist unsere Betriebsweihnachtsfeier, aber die Kollegen haben sicher nichts dagegen, wenn ich zwei Gäste mitbringe.» Er öffnete die Tür, ließ die beiden eintreten. Erstaunt blieben die Schumanns für einen Moment stehen, fanden dann gemeinsam mit ihrem Gastgeber einen freien Tisch. In diesem Saal waren vom Koch bis zum Etagenkellner alle in ihren Hoteluniformen versammelt, eben so, wie sie gerade vom Dienst kamen. Der Raum schien verzaubert. Unzählige Kerzen erhellten ihn. In der Mitte aber verbreitete ein mächtiger Christbaum strahlenden Glanz.

Am Tisch neben ihnen bemerkte ein Mann die Neuankömmlinge. Es war ihr Tischkellner. «Frohe Weihnachten», begrüßte er sie mit einem warmen Lächeln.

Auf einmal ertönte leise Klaviermusik. «Süßer die Glocken nie klingen, heut nun ist Weihnachtszeit.» Erst zögernd fielen die ersten Stimmen ein, aber bald schon entstand ein großer Chor. Freudig klang es, und auch die beiden Gäste sangen mit, fühlten sich aufgenommen in dieser Runde. Noch einige, weitere Lieder wurden angestimmt. Dann entstand Ruhe. Eine Stimme las auf Plattdeutsch die Weihnachtsgeschichte aus der Bibel. «Verstahst du dar all'ns?», fragte er sie leise. «Yes, my dear, dat du ick.» Glücklich strahlte sie ihn an.

Schließlich spielte das Piano «Stille Nacht, heilige

Nacht». Auf dem Tisch trafen sich die Hände der beiden alten Leute. Weihnachten in Kiel, dachte Paul dankbar, nun ist unser Wunsch doch noch richtig in Erfüllung gegangen. Er spürte ihren Blick und wusste, dass sie genauso fühlte.

Marie-Theres Rathswohl
Wie der Tannenbaum zu seinen Nadeln kam

Als der Herrgott die Erde erschuf, pflanzte er auch viele Bäume als Wald. In dem Wald befanden sich ganz verschiedene Bäume, und alle waren bekleidet mit verschiedenem Laub, jeder nach seiner Art. Da gab es Birken, Eichen, Ahornbäume, Eschen und auch einen Tannenbaum. Aber der Tannenbaum war nicht zufrieden mit seinem Kleid. Er beschwerte sich beim lieben Gott, dass er mit den schlechtesten Blättern bekleidet sei, und er wollte deshalb besondere Blätter haben. Da gab ihm der liebe Gott Tannennadeln. Wenn der Wind dann im Spiel die Zweige der Bäume hin und her wiegte, stachen sich die Blätter der anderen Bäume immer an den Tannennadeln, sodass kein Baum mehr mit dem kleinen Tannenbaum spielen wollte. Da wurde der Tannenbaum ganz traurig und weinte sehr.

Im Herbst wurden die Blätter der anderen Bäume alle trocken und fielen ab auf die Erde. Nur der kleine Tannenbaum behielt seine Nadeln. Als nun Schnee gefallen war und das Häschen kein Futter mehr fand, suchte es im Wald seinen Hunger zu stillen. Aber, o Graus, da kam der Fuchs aus seiner Höhle heraus und wollte das Häschen fressen. Der Fuchs hatte nämlich auch einen Bärenhunger. Das Häschen wollte aber sein Leben retten und lief schnell unter den kleinen Tannenbaum und versteckte sich dort. Der Tannenbaum senkte nun schnell seine Zweige herunter und beschützte so das kleine Häschen. Der Fuchs konnte das Häschen nicht fassen, weil die Tannennadeln ihn immer wieder in die Nase stachen.

Das hatte der liebe Gott gesehen und lobte nun den Tannenbaum und sagte: «Weil du das Häschen so schön vor dem bösen Fuchs beschützt hast, sollst du von jetzt an immer grüne Nadeln tragen – auch im Winter!» Und als es Weihnachten wurde, wünschten sich die Kinder einen Weihnachtsbaum. Weil der Tannenbaum als einziger von allen Bäumen mitten im Winter grüne Nadeln hatte, holten sie ihn in die Stube, schmückten ihn schön mit Kugeln, Lametta und bunten Süßigkeiten und sangen das Lied: «O Tannenbaum, o Tannenbaum, wie grün sind deine Blätter ...» Da freute sich der kleine Tannenbaum sehr, denn so nette Spielkameraden hatte er noch nie gehabt. Und so ist es bis heute noch immer geblieben zur Weihnachtszeit.

Heike Heering
Federn für den Nikolaus

Der Nikolaus war schon recht müde, sein Gabensack fast leer, aber in ein Dorf musste er noch. Da half alles nichts. Um schneller das letzte Ziel zu erreichen, erhob er sich in die Luft. Die Augen fielen ihm schon zu.

Das konnte nicht gut gehen!

Und dann hatte er den unvermeidlichen Zusammenstoß. Er prallte in der finsteren, nebligen Nacht mit einem Entenschwarm zusammen, dass die Federn nur so stoben. Natürlich entschuldigte er sich vielmals, denn ein solches Vorkommnis ist für einen Nikolaus äußerst unwürdig. Geschöpfen, die dem Himmel so nahe stehen, durften solche irdischen Missgeschicke nicht widerfahren!

Aber es war nun einmal geschehen.

Nachdem die Enten ihrer Empörung Luft gemacht und sich durch Rufe wieder formiert hatten, flogen sie zielstrebig weiter.

Auch der Nikolaus setzte seinen Weg fort.

Im Dorf füllte er alle Schuhe, die er auf den Fensterbänken stehen sah. Was er noch im Sack hatte, reichte gerade aus.

Unbeschwert trabte er in Richtung des Waldes. Der Sack auf seinem Rücken schaukelte leise und leicht bei jedem Schritt. Aber in seinen Manteltaschen trug der Nikolaus noch allerlei Früchte, die er den Tieren des Waldes geben wollte. Es machte ihm jedes Jahr eine besondere Freude, am Ende seiner Gabenverteilung für die Menschen an die Tiere zu denken.

Das erste Morgengrauen dämmerte bereits herauf, als er im Wald ankam. Die Rehe und Hasen waren gerade erwacht. Ohne jede Scheu liefen sie dem Nikolaus entgegen und nahmen das Obst aus seiner Hand.

Plötzlich stutzte er.

Da stand mitten im Wald eine Blockhütte, die er noch niemals gesehen hatte. Er trat an das Fenster und war sehr peinlich berührt, als er auf der Fensterbank ein Paar alte verknitterte Schuhe stehen sah. Er wusste, der Sack war leer; es würde sich auch nicht mehr die geringste Kleinigkeit herausholen lassen. Vorsichtshalber fühlte der Nikolaus aber doch schnell noch einmal in den Sack. Er war wirklich leer. Nur außen im Gewebe steckten einige Federn, die die Enten beim Zusammenprall mit dem Nikolaus verloren hatten.

Kurz entschlossen klaubte er die Federn zusammen und verteilte sie auf die beiden Schuhe.

Das Haus im Wald bewohnte der bucklige und humpelnde Henning, der das Vertrauen in die Menschen verloren hatte. Zu oft war er verspottet worden oder bemitleidet. Beides hatte er nicht mehr ertragen wollen. Darum wohnte er lieber unter den Tieren als unter den Menschen.

Es war seine Angewohnheit, jede Nacht die Schuhe auf der Fensterbank stehen zu haben. Damit hatte er einmal an einem Nikolaustag begonnen, nur zum Spaß, denn der Nikolaus würde niemals etwas in einen Schuh tun, wenn gleich zwei Schuhe gierig darauf warteten, gefüllt zu werden.

So schlüpfte Henning nichts ahnend am Morgen in seine Schuhe und spürte auch die Federn nicht. Etwas anderes aber spürte er, und es erfüllte ihn mit Staunen und Freude. Er ging ganz leichtfüßig, ja, er tänzelte beinahe schwerelos, sprang zur Tür hinaus, wirbelte durch den

Wald und erhob sich schließlich über dem Dorf in die Luft.

Die Leute, die ihn vorher verspottet oder bemitleidet hatten, beneideten ihn jetzt und hätten zu gern gewusst, was der Nikolaus Henning gebracht haben mochte. Viele von ihnen hatten Ruten in ihren Schuhen gefunden, aber das sagte natürlich keiner dem anderen.

Conrad H. von Sengbusch
Die etwas andere Weihnachtsfeier

Fast dreißig Jahre meines Berufslebens gehörte ich zur Messtechnik einer großen norddeutschen Sendeanstalt. Wir waren bis weit in die siebziger Jahre eine Gruppe von Individualisten, eine Eigenschaft, die für den Beruf des Technikers so typisch ist. In unserer Abteilung arbeiteten überwiegend Techniker, die sich qualifiziert hatten, neben einigen wenigen Meistern und Ingenieuren. Jeder hatte sein spezielles Fachwissen, und so bildeten sich Gruppen und Grüppchen, die alle mehr oder weniger gut miteinander harmonierten.

Nur zu feierlichen Anlässen, die es oft gab und die schon mit einem Geburtstag, der Geburt eines Kindes, dem Hausbau, einer Beförderung, einem Dienstjubiläum oder der Weihnachtsfeier begründet sein konnten, rückten wir näher zusammen. Das ging so bis ans Ende der siebziger Jahre, als durch den damals neuen vorzeitigen Ruhestand sich einige Kollegen bereits mit 55 Jahren in die Rente verabschiedeten.

So kamen wir Jüngeren, damals aber auch schon um die Vierzig, zum Zuge und sollten auf unsere Art die Weihnachtsfeier gestalten. Die Zeit der Weihnachtsfeiern in einem Raum direkt am Arbeitsplatz und mit allen Kollegen, die mit dem «Kamerad, weißt du noch?» begann und in bierseliger Laune feuchtfröhlich endete, war nun vorbei und etwas mehr Kultur und Besinnliches gefragt. Und schon traf mich das Los als Organisator. Die Leute wollte ich also ansprechen, ihre Wünsche und Neigungen erkunden und sie natürlich alle als Individuen am Fest beteiligen. Bei den Landsmannschaften fing ich an, waren wir doch ein bunt zusammengewürfelter «Haufen» aus den unterschiedlichsten deutschen Landen und auch aus dem Ausland. Viele Kollegen hatte es nach Norddeutschland verschlagen. Wir hatten einen obersten Chef aus Ostfriesland, eine Sekretärin aus dem Sudetenland, Berliner, deren Humor nie versiegte und die in ihrer stets kritisierenden Art dennoch erfrischend waren, schwerfällige Oldenburger, einen tiefsinnigen Letten, einen quirligen Italiener, der auch in der zweiten Generation in Deutschland Italiener blieb, etwas kantige Schlesier, die zwischen ihrer Herkunft als Ober- oder Niederschlesier unterschieden, die Mehrzahl der Hamburger, die wieder zwischen «geborenen» und «gebürtigen» Hamburgern sehr fein differenzierten, auch einen Harburger, der natürlich Harburger war und nicht Hamburger, einen Kollegen aus der Mark mit Sibirienerfahrung, der immer zu herben Späßen aufgelegt war, einen nicht humorlosen Niedersachsen, einen Wandsbeker, der sich als solcher und nicht als Hamburger fühlte, einen biederen Ostpreußen, der erst nachdachte, bevor er sprach, und letztlich ich als Baltendeutscher, der natürlich auch durch Eigenarten geprägt war. Alle wollte ich in irgendeiner Form erreichen und ihre Seele aufschließen.

Natürlich durfte der traditionelle Julklapp nicht fehlen; dafür erdachte ich mir aber eine neue Variante: Bisher war es immer so, dass man ein Los zog, um den zu beschenkenden Partner mit einer kleinen Gabe zu erfreuen. Alle Geschenke wurden anonym abgelegt, kamen in einen Sack, und unsere Sekretärin verteilte die Päckchen und Pakete unter großer Anteilnahme während der Feier. Wie reagiert derjenige, der mein Geschenk bekommt? Das wurde von uns sehr fein beobachtet. Oft blieb es dann beim ungeliebten Buch, das Jahr für Jahr neu verpackt wurde und die Runde machte, wie wir es aus dem Augenwinkel registrierten. Es war auch nicht auszuschließen, dass es als Bumerang zu uns zurückkehrte …

Für dieses Fest dachte ich mir eine Liste aus, in die jeder Kollege seine Hobbys und Neigungen eintragen konnte und die Möglichkeit hatte, Wünsche zu äußern. Jeder sollte dann mal zu Hause nachsehen, ob im Speicher oder im Keller noch irgendetwas von Wert für einen anderen Kollegen vorhanden war. Und jeder bekam die Liste mit dem Ergebnis. So erfuhren wir alle, die wir ja überwiegend fachlich miteinander zu tun hatten, auch etwas aus dem Privatleben des anderen.

Wir lasen, dass einer Kochbücher sammelte, der andere Orchideen züchtete und wieder ein anderer eine große Modellbahnanlage betrieb. Es gab Gartenliebhaber, Uhrensammler, Funkamateure, Leute, die Untersetzer für Blumen suchten, und andere, die Diaserien vertonten, Kollegen mit Musikarchiven und mehr. So kam schon vor der Weihnachtsfeier ein großer Fundus für den Gabentisch zusammen, wo letztlich jeder etwas fand, das er schon lange suchte, und gab, was er für richtig hielt. Mit dem erzielten Betrag finanzierten wir unseren sommerlichen Betriebsausflug.

Weiter hatte ich unseren verschiedenen Landsleuten die Anregung gegeben, den Kuchen zur Feier nicht einfach aus der Kantine zu beziehen, sondern ganz individuell mit eigenem Gebäck zum Gelingen des Festes beizutragen. Die meisten Kollegen machten mit, sodass es morgens schon recht verführerisch in unseren Messtechnikräumen duftete.

Für die Feier hatten wir uns den großen Konferenzraum reservieren lassen. Dieser nüchterne Raum im Stil der ausklingenden sechziger Jahre hatte das Flair einer Wartehalle oder eines Frisiersalons: Der Boden war ganz mit dunkelgrünem, weichem Teppichboden ausgelegt, die Wände waren mit dunklen, glatten Holzpaneelen verkleidet, die keine Gemütlichkeit zuließen, die Tische und gepolsterten Stühle waren von der Art der Büromöbel in Chefetagen: dunkle, dicke Holzplatten, verchromte Gestelle, immer ein Tischbein, das bei irgendeinem Platz im Weg war, und Stühle mit Lehnen und Armstützen, die wegen ihrer massiven Stahlrohrgestelle nur schwer zu bewegen waren. Dazu die übliche Anordnung in der Form eines großen «U», die gut für Konferenzen, aber schlecht für die Konversation war. Die einzige Abwechslung für das Auge war in diesem tristen, stets dämmerigen Raum ein surrealistisches Bild, das wohl als «Kunst am Bau» einst beschafft wurde und das zu deuten ich nie die richtigen «Weihen» erlangte.

Nun, wir schufen ein eigenes Tischarrangement, und die Kollegen, die für die Dekoration zuständig waren, gingen ans Werk. Tannengrün, ein liebevoll geschmückter Tannenbaum, Gedecke, Kerzen und kleine Tischfahnen, die ich aus Erinnerung an die Seefahrt jedem Landsmann zugeordnet hatte, schufen schon mal ein schönes Bild. Nebenbei bauten die Experten, die wie immer auch diesmal für die Musik zuständig waren, die Musikanlage auf und legten das Band mit der «Petersburger Schlittenfahrt» auf, das nach alter Tradition den Auftakt zu unserer Weihnachtsfeier bildete.

Doch was wären die Weihnachtsfeiern ohne Kaffee, Kuchen und Wein? Nach und nach wurde das Feingebäck hereingetragen, und das von so schöner Vielfalt. Die Ehefrauen unserer Kollegen, aber auch unsere Sekretärin hatten sich viel Mühe gegeben, nicht zu vergessen auch einige Experten mit einem bisher unbekannten Backtalent aus unseren Reihen. Rezepte wurden ausgetauscht und Tipps diskutiert, wie es in einem Damenkränzchen nicht anders hätte sein können.

Ich erinnere mich an «Powidldatschkerl», eine tschechische Spezialität aus Hefeteig und Pflaumenmusfüllung, an riesige schlesische Mohnstriezel, innen gefüllt mit einer äußerst schmackhaften Masse aus feuchtem, süßem Mohn und Rosinen, wobei es darauf ankam, dass der Mohn gequetscht und aus neuer Ernte war. Leicht wird ja die Mohnmasse zu trocken, dann krümelt der Striezel, was aber nicht sein darf.

Meine Frau war in aller Frühe aufgestanden und hatte ihre unnachahmlichen Käsetorten gebacken, wie sie es aus ihrer ostpreußischen Heimat kannte, und zwar eine mit Kirschen als zusätzlicher Füllung und eine mit Rosinen. Schon vorher hatte sie das weihnachtliche Quantum von Thüringer Christstollen gebacken, und zwar nach alter Familientradition und einem uralten von Generation zu Generation vererbten Rezept meiner Mutter, die aus Zeulenroda/Th. stammt. Auch von diesen Dreipfündern wurde einer «geopfert». Und da ich ja nicht im Voraus wusste, wer noch alles Kuchen mitbrachte, kamen auch noch Piroggen als Beitrag meiner baltischen Heimat hinzu. Dieses kleine gefüllte Hefegebäck, das mit dem verschiedensten Füllsel, wie Hackfleisch, Sauerkraut, Reis o. Ä., gereicht und als Vorspeise angeboten wird, wurde bei uns zu Hause traditionell immer mit Schinkenspeck und Rosinen gefüllt. Erst waren die Norddeutschen skeptisch, dann langten sie herzhaft zu … und sprechen heute noch davon. Dazu gehört ein eisgekühlter «Allasch», ein Kümmelschnaps, oder auch ein echter «Moskowskaja»-Wodka.

Unser Ostpreuße leistete seinen Beitrag mit einer Flasche Bärenfang, den er selbst gebraut hatte und der bei zu hastigem Genuss schnell in die Beine geht, und «Pillkallener». Das ist ein klarer, eiskalter Schnaps, bei dem auf den Glasrand eine einseitig eingeschnittene Scheibe fette, feine Leberwurst aufgesteckt wird, die zum Klaren dazugehört. Unser Niedersachse steuerte eine weitere Delikatesse bei: eine Apfeltorte mit «trockenem Fuß», die verkehrt herum in der Springform gebacken wurde. Unten begann man also mit Zucker, aufgelegt wurde der Belag mit den Äpfeln und zum Schluss der schon vorher gebackene Boden. Die Äpfel weichten so den Boden nicht durch.

Der Abend wurde zu einem Austausch von geistigen Dingen, geistigen Getränken, Erinnerungen, alten und neuen Erkenntnissen, Brüderschaften und dem Erzählen alter und neuer Geschichten, bis zum «Kamerad, weißt du noch?», und gestaltete sich, wie wir es erhofften.

Wir erfuhren auch, dass andere Gegenden eigentlich nur wenig vorweihnachtliches Backen kannten. Die Berliner z.B. begnügen sich mit Krapfen, den bekannten, in siedendem Öl gebackenen kleinen Kuchen, die als schleifen- oder walnussähnliche Gebilde in Berlin ohne und in Thüringen mit Puderzucker bestreut gereicht werden. Noch verschlossener geben sich die Hamburger, die ohnehin im Feiern eher ein englisches Gemüt haben. Doch muss ich den Engländern zugestehen, dass sie wenigstens noch ihren traditionellen «Christmas-Cake» haben, diesen schweren, safrangelben, festen Königskuchen mit den vielen bunten und gefärbten kandierten Früchten.

Die Hamburger dagegen ergötzen sich an besonderen Feiertagen mit ihren «Braunen Kuchen». Ich lebe nun schon seit mehr als dreißig Jahren in Hamburg. Was nun eigentlich den Reiz dieser Kuchen ausmacht, kann ich beim besten Willen nicht nachvollziehen. Also, die Grundlage hamburgischer Glückseligkeit ist ein schlichtes «Rundstück»: Das ist ein krosses, trockenes Brötchen, oben halbkugelförmig und nicht eingeschnitten. Beißt man in dieses trockene Brötchen hinein, dann muss die Kruste schuppenförmig abplatzen. Nun, von diesem Rundstück wird nur die obere Hälfte verwendet, «denn unten ist es ja nicht kross», wie der richtige Hamburger trocken bemerkt! Diese obere Hälfte wird mit guter Butter beschmiert, wobei die Betonung auf «guter» liegt, und mit einem «Braunen Kuchen» belegt. Das war also der Hamburger Beitrag zum Fest, gelungen und gewöhnungsbedürftig.

Der «Braune Kuchen», der dünn ausgewalzt gebacken wird und etwa Keksgröße hat, hat in Hamburg mehr als 180 Jahre Tradition. Er sieht aus wie gewöhnlicher Pfefferkuchen, schmeckt aber anders, ist süß, vielleicht ein wenig malzig mit einem Deut zum Baiser. Sirup, Pottasche und Hirschhornsalz, wie beim Pfefferkuchen, schmeckt man nicht heraus. Verpackt wird die Köstlichkeit in eine Geschenkdose von Ziegelsteingröße und in alle Welt versandt. Bekannte, denen ich diese Hamburger Spezialität mitbrachte, konnten damit nichts anfangen. Mit einem Bildband von Hamburg hätte ich mehr Erfolg gehabt …

Unser Italiener überraschte mit dem «Panettone», dem gugelhupfähnlichen hohen Kranzkuchen, der in der Konsistenz recht trocken ist, den es aber auch mit Rosinen oder kandierten Früchten gibt und der durch die hierzulande unbekannten Backzutaten köstlich duftet. Gespendet hatte Adone B. auch reichlich recht schönen kalifornischen Weißwein, der in karaffenähnlichen Weithalsflaschen gereicht wurde und regen Zuspruch fand. Natürlich gehörte das Weingut einem ausgewanderten US-Bürger italienischer Abstammung, was nicht unerwähnt bleiben durfte.

Alle anderen wären ja auch nicht in der Lage gewesen, solche Weine herzustellen …

An eine Kuchengabe unserer Ostfriesen kann ich mich nicht erinnern. Unser ostfriesischer Chef wusste aber zu berichten, dass in seiner Jugend in den zwanziger Jahren noch eigens für die Pferde in der Vorweihnachtszeit so genannte Pferdebrote gebacken wurden.

Mit der schönen Tischdekoration, den festlich eingestimmten Kollegen, der Beleuchtung durch viele Kerzen und der dezenten Musik kam eine gute Stimmung auf. Irgendwie musste auch unser Chef davon ergriffen worden sein.

Er hatte noch ein paar «Reserven» zur Hand, die individuell den Ausrichtern zugedacht waren. Heimlich hatte er den Behang des Tannenbaums mit einigen interessanten Radiobauteilen vergangener Zeiten ergänzt. Darauf können auch nur Techniker kommen … Da hingen sie also, die Radioröhren aus früheren Tagen, wie die RV 12 P 2000, die P 4000 und wie sie alle hießen, die ich als Ersatzteile für meine Geräte brauchte. Ich empfand diese Variante als eine schöne Idee, eine gelungene Überraschung und als Anerkennung meines Beitrags an der Feier.

Auch die Kollegen dachten an mich und zauberten plötzlich noch eine kleine Morsetaste hervor. Es war die Taste «Maus», die noch in meiner Sammlung fehlte und die ich schon lange suchte. Meine Begehrlichkeit war da, das gebe ich zu, aber auch der Wille der Kollegen, mich noch ein wenig zappeln zu lassen, um letztlich die Taste zu unser aller Wohl amerikanisch zu versteigern. Das hitzige Bietergefecht war dann ein Höhepunkt des Abends, und bei 25 Mark hatten die Kollegen ein Einsehen mit mir …

Bleibt noch zu erwähnen, dass der Abend gelungen sein musste, denn der untrügliche Indikator für ein gelungenes Fest war immer unser Kollege Heinz St., der nun auch schon Jahre nicht mehr unter uns weilt. Hub er dann zu später nächtlicher Stunde auf Drängeln und Bitten aller Kollegen seinen Sologesang zum «Hamburger Veermaster» an, dann war das ein Zeichen, dass es ihm als Hamburger wohl erging. Er hatte in seiner Art zum Abschluss «noch einen draufgesetzt», was dann in Hamburg anerkennend registriert wird, indem man einander zunickt und sagt: «Er nu wieder.»

Heute sind solche Feste längst Geschichte. Die jungen Kollegen, die nach uns kamen, fanden diese Veranstaltungen spießig. Sie unternahmen zunächst gar nichts, weil ja einer etwas «anschieben» muss, dieser eine sich aber nicht fand. Andere Zeiten, andere Sitten. Schließlich fand einer heraus, dass man eine solche Feier auch «kaufen» kann. Seit fast zwanzig Jahren findet unsere jährliche Weihnachtsfeier in Tostedt an der Bahnstrecke von Hamburg nach Bremen statt. Bei Grünkohl, Schweinebacke, Kochwurst und Kasseler wird immer am gleichen Ort gefeiert, geredet, gekegelt und getrunken, bis es dann abends heißt, den letzten Zug nach Hamburg nicht zu verpassen. Dann der «Nachttrunk» in der Nähe des Hauptbahnhofs und die letzte U-Bahn nach Hause. Das war's, und dann bis zum nächsten Mal ... Aber früher war es auch ganz schön, und dafür gibt es dann ja noch die Weihnachtsfeier des Sozialwerks für die Rentner und das «Kollege, weißt du noch?».

Gottfried Hoyer

Irrwege eines Engels

In den Jahren ab 1956 bestand zwischen den Mitarbeitern und Mitarbeiterinnen der evangelischen Kirchenbehörde in Dresden und denen der gleichen Behörde in Hannover eine Partnerschaft, die unter anderem auch dadurch zum Ausdruck kam, dass wir in Dresden vor Weihnachten Pakete mit für uns wertvollem Inhalt als Geschenk erhielten. Die Freude hierüber war bei allen sehr groß. Die Vertretung der Mitarbeiterschaft, zu der ich damals gehörte, überlegte, auf welche Weise man, neben dem persönlichen Dank an die Spender, die Kolleginnen und Kollegen mit einem für alle geltenden Geschenk erfreuen könnte.

Wir Dresdener, die nahe beim Erzgebirge wohnten, wussten um die Symbolik und Bedeutung der beiden Lichterfiguren Bergmann und Engel. Der Bergmann sehnte sich im Dunkel der Stollen nach Licht und Wärme, und der Engel sollte deutlich machen, was den Hirten in Bethlehem verkündet wurde: Fürchtet euch nicht, auch wenn es um euch und in der Welt dunkel ist und ihr Bergleute in Gefahr lebt.

So regten wir eine Geldsammlung an, um bei einem bekannten Holzschnitzer ein solches Paar Bergmann und Engel in Auftrag zu geben. Es war ein Figurenpaar, das nicht - wie meist üblich - gedrechselt, sondern geschnitzt werden sollte. Die Figuren waren etwa 40 cm groß. So wurden dann die beiden Lichterfiguren vor der nächsten Adventszeit in den fünfziger Jahren nach Hannover auf den Weg gebracht. Wir hatten die Vorstellung, dass diese

Figuren dort in der Kirchenbehörde während der Advents- und Weihnachtszeit einen würdigen Platz finden und an unsere Partnerschaft erinnern sollten. Als ich dann 1960 in dieser Kirchenbehörde eine Anstellung fand, bekam ich Andeutungen mit, dass die Kollegen und Kolleginnen mit dem gut gemeinten Geschenk nichts anzufangen wussten. Ich war enttäuscht darüber, dass Engel und Bergmann in einem der Kellerräume im Dunkeln vergeblich ausharrten, ihr Licht in der Weihnachtszeit leuchten zu lassen. Ich unterdrückte meinen Ärger und habe erst viel später begriffen, warum damals in Hannover kein Verständnis für dies sächsische Geschenk vorhanden war.

Der Beginn meiner Tätigkeit in diesem Amt nach unserer Übersiedlung in die Bundesrepublik war für mich nicht leicht. Es war alles so anders, als ich es gewohnt war. Ich kam mir oft hilflos vor und war manchmal verzagt. Meine Frau und die vier Kinder lebten übergangsweise in Salzgitter-Lebenstedt. Ich hatte ein möbliertes Zimmer in Hannover gemietet und fuhr jedes Wochenende mit der Eisenbahn nach Salzgitter. So auch vor dem 1. Advent. Den Koffer hatte ich mit in das Amt genommen, um schnell zum Hauptbahnhof zu gelangen. Ich merkte zwar auf dem Weg dorthin, dass der Koffer ungewöhnlich schwer war. Doch achtete ich in der Eile nicht weiter darauf. In Derneburg musste ich in den Zug Richtung Braunschweig umsteigen, hatte aber über eine Stunde Aufenthalt. So setzte ich mich in die Bahnhofsgaststätte und trank eine Tasse Kaffee. Als ich dann zu dem einfahrenden Zug gehen wollte, war mein neuer Hut weg. Dafür hing ein alter schäbiger Hut auf dem Haken. Voller Ärger nahm ich diesen Hut und den Koffer, dessen Gewicht ich mir wiederum nicht erklären konnte.

In Salzgitter-Lebenstedt war dann zu Hause die Überraschung groß, als ich den Koffer auspackte. Da lag doch tatsächlich der geschnitzte sächsische Lichterengel drin. So hatte ich einen alten Hut und einen altbekannten Engel mit nach Hause gebracht. Mir war klar, dass sich die Kollegen einen Scherz erlaubt hatten. So nahm ich den Engel am Montag wieder mit nach Hannover. Das Hallo war groß, und wir haben tüchtig gelacht.

Am nächsten Freitag war ich dann vorgewarnt und schaute vor dem Gang zum Bahnhof in den Koffer. Siehe da, es lag der Bergmann drin.

Wie erstaunt war ich aber, als ich bei meiner Familie in Salzgitter ankam und meine Frau sagte: «Da ist ein großes Paket für dich angekommen.» Als ich den Absender las, ahnte ich schon, was da drin war. Da lag doch tatsächlich wieder der sächsische Lichterengel drin, dazu aber ein kleines Gedicht:

Einem Menschen, der etwas verzagt, haben wir ganz ungefragt einen Engel zugedacht, damit er ihm Freude macht. Er etwas weniger Platz einnimmt, wenn er für den Koffer ist bestimmt. Er ist nicht golden und blau bemalt, aber es ist nicht alles Gold, was strahlt.

Da ging es mir warm durchs Herz, denn nun wusste ich, durch diesen Engel sagen dir die Kollegen und Kolleginnen: Du gehörst zu uns, wir mögen dich und «Fürchte dich nicht»!

So hatte der Engel doch noch das erreicht, wozu er damals auf die Reise geschickt worden war: Freude und Trost zu spenden.

Noch etwas habe ich aus diesem Geschehen gelernt: Wir haben nicht nur heute Schwierigkeiten im Zusammenleben mit Menschen anderer Kulturkreise, weil uns oft die Kenntnis und das Verständnis für deren Sitten und Gebräuche fehlen. Schon zwischen den Volksgruppen unseres deutschen Landes gab und gibt es Missverständnisse aus Unkenntnis der verschiedenen Mentalitäten. Damals, als die Grenze uns noch trennte und nur wenige die Gelegenheit hatten, die DDR zu besuchen, fehlte den meisten Niedersachsen die innere Beziehung zu den Lichterfiguren Bergmann und Engel, die wir Sachsen vorausgesetzt hatten.

Heute ist dies kein Problem mehr, da nach der Wiedervereinigung das Fernsehen in vielen Weihnachtssendungen auf die Bedeutung dieser Lichterfiguren hingewiesen hat und viele Menschen durch Busreisen ins Erzgebirge die Holzfiguren lieb gewonnen haben. Heute findet man die Erzgebirgsfiguren auf fast allen Weihnachtsmärkten der alten Bundesländer.

Mögen Bergmann und Engel uns auch heute noch deutlich machen, was Martin Luther in einem Weihnachtsliedvers zum Ausdruck brachte:

Das ewig Licht geht da herein,
gibt der Welt einen neuen Schein,
es leuchtet wohl mitten in der Nacht und uns des Lichtes Kinder macht.
Kyrieleis!

Josef Lambertz
Bunkerweihnacht 1945

Da stimmt doch etwas nicht, so wird mancher beim Lesen der Überschrift gedacht haben. Weihnachten 1945 war doch der Krieg aus; wieso lebte da jemand im Bunker? Aber gerade deshalb wird diese Geschichte erzählt, damit die Not der ersten Nachkriegsjahre nicht ganz in Vergessenheit gerät.

Im September 1944 wurde Aachen als einzige deutsche Großstadt vor den anrückenden alliierten Truppen zwangsevakuiert. Nur etwa 6000 von 162000 Menschen gelang es, sich in den Kellern ihrer Wohnungen zu verstecken und so zu Hause zu bleiben. Nach wochenlanger Belagerung und erbitterten Straßenkämpfen ergaben sich die deutschen Truppen am 21. Oktober 1944. Aachen fiel als erste deutsche Stadt in die Hand der amerikanischen Kampftruppen, die 1945 von britischer Besatzung abgelöst wurden. Fast 100 Fliegerangriffe und die Granaten der letzten Wochen hatten die Stadt zu zwei Dritteln zerstört, 2500 Ziviltote waren zu beklagen. Von 37 Kirchen blieben nur 2 unversehrt. Die Alliierten und die von ihnen eingesetzte provisorische Stadtverwaltung bemühten sich um einen Neuanfang. Bald standen wieder wenigstens ein Krankenhaus und eine Apotheke zur Verfügung, die Trinkwasser- und Postversorgung wurde geregelt, die erste westdeutsche Tageszeitung erschien. Und Mitte 1945 begann wieder der Volksschulunterricht. Als am 8. Mai 1945 der Zweite Weltkrieg offiziell endete, begann die ungeordnete Rückkehr der evakuierten Aachener. Zeitweise waren es bis zu 5000 Frauen, Kinder und alte Männer, die je Woche in die Heimat zurückkehrten.

Die Lebensverhältnisse in der Stadt waren schrecklich, der Hunger ging um. Jeder Einwohner sollte 1040 Kalorien am Tag erhalten, doch die standen oft genug nur auf dem Papier. Man lebte von Steckrüben- und Kohlsuppen. Richtiges Brot war nicht zu haben, dafür gab es Maisbrot. An den wenigen wieder geöffneten Geschäften stellten sich die Menschen schon um 5 Uhr morgens an. Doch oft genug war es so, dass Gemüse und Lebensmittel ausgingen, ehe man dran war. Wer noch Sachwerte besaß, konnte sich helfen. Gegen Bettwäsche, Teppiche und dergleichen konnte man in den Dörfern des Umlandes Kartoffeln, Eier und Speck eintauschen. Die wenigen Züge, die schon verkehrten, waren bis auf die Dächer und Trittbretter besetzt: Stichwort Hamsterfahrten. Auf einigen Plätzen der Stadt blühte der Schwarzmarkt. Für ein Brot wechselten 100 und für ein Pfund Butter 600 Reichsmark den Besitzer. Und da gab es noch eine Aachener Besonderheit. Nacht für Nacht machten sich Trupps, oft waren es auch Kinder und Halbwüchsige, auf die abenteuerlichen, manchmal auch lebensgefährlichen Schleichwege ins unmittelbar angrenzende Belgien und in die Niederlande. Bevorzugtes Schmuggelgut war Bohnenkaffee.

Erwachsene bis zum 60. Lebensjahr mussten mehrmals wöchentlich Notdienste leisten, das heißt Schutträumen auf den Straßen und Plätzen sowie Abschlagen des Mörtels von den wieder verwendbaren Ziegelsteinen. Damals kam die Bezeichnung «Trümmerfrauen» auf, die meisten Männer waren noch in Kriegsgefangenschaft.

Die frühen Rückkehrer konnten, wenn ihre Wohnung zerstört war, mit Genehmigung der Stadtverwaltung in freistehende Wohnungen einziehen. Doch im Herbst

1945 waren so gut wie alle Wohnungen belegt, und immer noch kehrten Woche für Woche Evakuierte zurück. Mitte Oktober entschloss man sich, einige der Tief- und Hochbunker, die zu Kriegsbeginn zum Schutz der Zivilbevölkerung gebaut worden waren, für Wohnzwecke einzurichten. Jeweils zwei Bänke wurden mit den Sitzflächen gegeneinander gestellt und mit Strohsäcken belegt. Zum Teil zimmerte man auch dreistöckige Holzpritschen. Schränke oder wenigstens Spinde gab es anfangs nicht. Man lebte aus Taschen und Koffern. Das Leben in einem solchen Bunker ist heute nur noch schwer begreifbar zu machen. Tag und Nacht Notbeleuchtung, feuchte und muffige Luft. Die einzelnen Großräume wurden regelmäßig mit Lysol gegen Ungeziefer desinfiziert, und die Bunkerbewohner mussten sich jede Woche mit der Flitspritze gegen Läuse behandeln lassen. Die Bunkerkinder erkannte man in der Schule am durchdringenden Geruch ihrer Kleidung. Das warme Essen kam aus städtischen Küchen. Wer Verwandte oder Bekannte in der Stadt hatte, war froh, wenn er sich in deren Wohnung vereinzelt etwas auf einem richtigen Herd zubereiten konnte. Die «irgendwie» gewaschene Wäsche zierte rund um die Uhr die Bunkeröfen zum Trocknen. Internationale Hilfsorganisationen bemühten sich nach Kräften, die Not der Menschen, vor allem auch in den Bunkern, zu lindern. Aber die Hilfe war oft nur ein Tropfen auf den heißen Stein.

Wir, also meine Mutter und ich (Jahrgang 1935), waren 1944 nach Lengerich in Westfalen evakuiert worden, wo wir bei einem Bauern ein möbliertes Zimmer bekommen hatten. Im März 1945 wurde das Münsterland von britischen Truppen besetzt. Einer der vielen Briefe, die meine Mutter nach Aachen geschickt hatte, um Auskunft über das Leben in der Stadt zu erhalten, wurde im August beantwortet. Unsere Wohnung sei zerstört, so hieß es, aber es lägen genügend Wohnungen frei. Wenn wir unbedingt nach Hause wollten, sollten wir kommen. Aber die Heimkehr zögerte sich bis Mitte November hinaus. Als wir dann endlich nach halbtägiger Fahrt mit einem Güterwagen in Aachen ankamen, fanden wir keine Wohnung mehr. Und so mussten wir uns mit einer Notunterkunft im Bunker begnügen.

Das Bunkerleben kannten wir aus dem Krieg zur Genüge, wir hatten dort jahrelang fast jede Nacht zugebracht. Doch nun wurde der Bunker zum Zuhause. Während meine Mutter morgens zum Steineklopfen eingesetzt war, ging ich zur Schule. Ich erinnere mich noch gut an die Spendenaktion der amerikanischen Quäker. Täglich gab es den «blauen Heinrich», eine bläulich schimmernde Magermilchsuppe. Wir bekamen keine Hausaufgaben, weil es kaum Papier gab. Uns Bunkerkinder plagte am meisten die Langeweile. Bücher und Spielzeug gab es so gut wie nicht. Ich hatte zwar meinen «Rübezahl» mit in die Evakuierung genommen, aber ich konnte ihn fast auswendig, so oft hatte ich das Buch gelesen. Das Spielen im Freien war allein deshalb kaum möglich, weil ich keine Schuhe hatte, die mir passten. Meine Mutter hatte zwar irgendwie ein paar Holzschuhe aufgetrieben, da man damit aber so leicht stolperte, lief ich lieber barfuß. Aus Zeitvertreib strickte ich Waschlappen, die wegen Wollmangel immer wieder aufgeriffelt werden mussten.

Wenige Tage vor Weihnachten fiel der erste Schnee und verhüllte die trostlose Trümmerlandschaft. Aber trotz Hunger und Not waren die meisten Menschen mit ihrem Leben zufrieden, denn nun würde es bald das erste Weihnachtsfest seit Jahren ohne Fliegeralarm und Bombenangriff geben. Am Heiligen Abend bescherte der Caritaskreis der Pfarrgemeinde, in der sich unser Bunker befand, uns Kinder. Das willkommenste Geschenk waren Pantoffeln, die man in mühevoller Arbeit aus dicken Stoffen geschneidert hatte. Mittags wurden alle Kinder unseres Blocks ohne jede Ankündigung von einer Lehrerin abgeholt und zur Schule gebracht. Über die Ursache dieser Abwechslung dachten wir natürlich nicht nach. Und so verlebten wir mit Weihnachtsgeschichten, Liedern und einigen lang entbehrten Spielen ein paar frohe Stunden. Im Bunker war unterdes ein Säugling zur Welt gekommen. Als wir am späten Nachmittag wieder die Bunkertreppen hinabkletterten, lag auf einem der Strohsäcke neben einer jungen Frau ein kleines Bündel, aus dem ein kräftiges Stimmchen erscholl. Staunend bewunderten wir das süße Baby. Ein kleines Mädchen fragte schüchtern: «Ist das das Christkind?» Der neue Erdenbürger war der Mittelpunkt des Heiligen Abends. Immer wieder gingen unsere Blicke in jene Ecke des kahlen Betonblockes, wo unser «Christkind» auf dem Strohsack lag und schlief.

Am Weihnachtsmorgen gingen die meisten Leute in einen der Gottesdienste, die auf der anderen Straßenseite des Bunkers im früheren Speisesaal eines Franziskanerklosters gehalten wurden. In der kleinen Notkapelle, die eigentlich nur für höchstens 100 Menschen gedacht war, saß und stand wohl die doppelte Anzahl. Und etlichen gelang es nicht einmal, in die Kapelle hineinzukommen. Sie konnten den Gottesdienst nur vor der Tür im zugigen Flur miterleben. Der greise Pfarrer, der uns regelmäßig im Bunker besucht und geholfen hatte, wo er konnte, wusste natürlich schon von dem «Christkind im Bunker». Es ging wohl auch ihm nicht aus dem Sinn. Nach all den Jahren ist mir der rote Faden seiner Weihnachtspredigt noch in Erinnerung. Dass Christus in Bethlehem in einem Stall zur

Welt gekommen sei, habe nichts mit Idylle und Romantik zu tun. Das Kind in der Krippe sei ein Zeichen dafür, dass sich die Erlösung in menschlicher Ohnmacht und Armut vollzogen habe. Wenn Christus heute geboren würde, dann wohl nicht in einem Stall, sondern eher in einem Bunker auf dem Strohsack. Und jetzt erfuhren die Kirchgänger, was sich am Heiligen Abend gleich nebenan zugetragen hatte. In das hier und da vernehmbare Schluchzen klang ein wenig bitter der Satz aus dem Weihnachtsevangelium: «Denn in der Herberge war kein Platz für sie.»

Unser «Christkind» haben wir nicht lange im Bunker behalten. Eine Mutter, die mit ihren zwei Kindern eine Dreizimmerwohnung hatte und im Weihnachtsgottesdienst gewesen war, entschloss sich impulsiv, enger zusammenzurücken und ein Zimmer abzugeben. So konnte die junge Mutter mit dem Neugeborenen wenige Tage später aus dem dumpfen Tiefbunker in ein eigenes Zimmer ziehen.

Wo mag unser «Christkind» von damals heute sein? Der kleine Junge wäre nun 54 Jahre alt. Natürlich hat er keinerlei Erinnerung an seine ersten Lebensjahre. Aber vielleicht hat ihm seine Mutter später immer wieder erzählt, dass er für die vielen Menschen, die Weihnachten 1945 in dem Aachener Bunker am Kurpark leben mussten, ein richtiges «Christkind» gewesen war.

Nadine Christine Saxer
Rosen

21. Dezember, Weihnachtszeit. Die ganze Welt kauft die letzten Geschenke. Er kannte niemanden, dem er hätte etwas schenken können. Traurig schaute er aus dem Fenster. Die Schneeflocken tanzten durch die Luft und schwebten langsam zu Boden. Wie gerne hätte er jemandem eine Freude gemacht.

Lächelnd verließ er seine Wohnung und trat auf die Straße. Die Stadt sprudelte vor Lebendigkeit, in den Gassen herrschte reges Treiben. Bei einem Blumenhändler kaufte er neunzehn Rosen. Purpurne Rosen. Eine steckte er in das Knopfloch seines grauen Mantels. Er blickte um sich, ließ seinen Blick über die Menge schweifen.

Diese Frau am Eingang des Warenhauses machte einen niedergeschlagenen Eindruck. Langsam ging er auf sie zu und stellte sich vor ihr auf. Sie hob ihren Kopf und schaute ihm forschend in die Augen. «Darf ich Ihnen eine Rose schenken?» Mit einem seltsamen Gesichtsausdruck wandte sie sich um. Stumm betrachtete er, wie sie mit dem Strom der Leute im Warenhaus verschwand.

Es gibt noch viele andere Menschen hier, sagte er, sich ermutigend, als er eine ältere Dame geradewegs auf ihn zukommen sah. «Möchten Sie eine meiner Weihnachtsrosen, Madame?» – «Frecher Bengel! Wollen Sie hier den Clown spielen oder mich zum Narren halten? Sie wollen doch nur Geld von mir. Oder sind Sie gar von einer Sekte? In der Vorweihnachtszeit ist man nie sicher vor solchen Leuten!»

Er war unfähig, ihr zu antworten. Sein Blick war leer. Waren denn alle Frauen so undankbar? Aber er konnte ja nicht einem Mann Rosen schenken. Das würde wohl wirklich einen etwas komischen Eindruck hinterlassen. Und wahrscheinlich würde dieser in ganz ähnlicher Weise reagieren. Aber die Kinder! Kinder sind ohne Vorurteile. Sie können sich über kleine Dinge freuen.

Ein kleines Mädchen stand vor dem Schaufenster einer Konditorei und betrachtete all die farbigen Pralinen im Innern des Ladens. Vorsichtig nahm er eine Rose aus seinem Strauß und hielt sie dem Mädchen hin. «Viola, ich schenke dir eine Rose.» – «Nein danke, ich darf nichts von fremden Männern annehmen. Und Sie, Sie sind ein fremder Mann!» – «Aber das ist doch nur eine Rose. Ein kleines Weihnachtsgeschenk.» – «Aber Mama hat gesagt …» Er machte kehrt. Mit schleppendem Schritt ging er durch die Masse der gestressten Leute. Er war enttäuscht. Niemand wollte seine Rosen. Niemand konnte sich über ein Geschenk von einem Fremden freuen.

Sein Weg führte vorbei an den Häusern der Altstadt, die einen verlassenen Eindruck machten. Weiter bis zur Brücke. An die Brüstung gelehnt, hielt er inne. Eine Träne rollte ihm über die Wange. Sanft glitt ihm Rose um Rose aus der Hand. Er beobachtete, wie jede einzelne vom Fluss davongetragen wurde.

War es das gewesen? War das Weihnachten, das Fest der Freude? Er wollte Menschen glücklich machen. Aber sie nahmen seine Gaben nicht an. Glaubten, er sei ein Verrückter.

Nur weil er ihnen Rosen schenken wollte, Rosen für unbekannte Leute. Das war das Leben, das war die Realität. Sie ignorierten seinen Hilfeschrei, seinen Schrei nach Liebe. Was blieb ihm noch?

Die letzte Rose fiel ins Wasser. Es war diejenige, die er sich ins Mantelknopfloch gesteckt hatte.

Rudolf Thiel
Weihnachten in Ostpreußen 1940

Ja, Ostpreußen – ich muss schon ordentlich in den Erinnerungen graben! Schließlich sind schon 60 Jahre vergangen!

Wir wohnten am Stadtrand von Königsberg in einem Schrebergartengelände, das ringsherum eingezäunt war und somit eine geschlossene Anlage bildete. Auf den meisten Grundstücken standen Sommerlauben, die im Winter gar nicht genutzt wurden. Nur 15 bis 20 Familien hatten feste Häuser.

Weihnachten begann eigentlich schon vor der Adventszeit, denn wir hatten Ende November Schnee und eisige Kälte. Der viele Schnee ließ bei uns eine vorweihnachtliche Stimmung aufkommen. Unsere Schlittschuhbahn, der «Poggenteich», lag innerhalb des Gartengeländes. Das Eis war meist spiegelglatt, weil der Frost kurz und heftig einsetzte und bis zum Frühjahr anhielt. Bei Schneefall mussten wir eben räumen. Oft waren wir noch auf dem Eis, wenn der Mond schon groß und leuchtend am Himmel stand und im Schilfgürtel und den Sträuchern ringsum gespenstische Schatten warf.

Zum Schlitten- und Skifahren gingen wir ins «Tal der Hasen», außerhalb unserer Wohnanlage. Das war eine Senke, wo der Bach, «die Beek», einen Bogen machte und im Frühjahr bei Hochwasser überschwemmt wurde. Unsere Trainingsanzüge, an Hand- und Fußbündchen mit Gummizug versehen, wir nannten sie Paddianzüge, mussten vor der Haustür erst vom Schnee geleert werden. Dann wurden sie, über dem geheizten Herd hängend, für den nächsten Tag getrocknet. Zu Beginn der Adventszeit freuten wir uns auf die Weihnachtsbäckerei. Für die erste Partie Pfefferkuchen hatte unsere Mutter schon morgens den Teig vorbereitet. Wir Kinder traten erst am Nachmittag in Aktion. Da lag er nun, der große braune Klumpen! Diesem wurde ein Stück entnommen und auf dem Küchentisch ausgerollt. Mit einem Satz Blechformen zum Ausstechen von Sternen, Herzen, Karos und Halbmonden machten wir uns an die Arbeit.

Die «Abfälle» wurden zum großen Teil von uns aufgegessen. Und wir sorgten für viel «Abfall», der uns dann auch prompt nach der zweiten Pfefferkuchenauflage Magenschmerzen bereitete. Das wiederholte sich alle Jahre wieder. Gebacken wurde auf zwei Blechen im Kohleherd.

Abends saß die Familie im Wohnzimmer beim Licht der Petroleumlampe zusammen. Der rotbraune Kachelofen wurde mit Holz, Steinkohle und Brikett geheizt. In der Röhre brutzelten die Boskop zu herrlichen Bratäpfeln!

Das Weihnachtsfest rückte immer näher, und eine Spannung lag in der Luft. Wir lernten unsere Weihnachtsgedichte, die wir mit Schönschrift zu Papier brachten und mit Glanzbildern in Form von treu blickenden Engeln und anderen Weihnachtsmotiven verzierten. Für die Eltern bastelten wir Geschenke. Ich baute eine Laterne aus Sperrholz. Bilder wie Scherenschnitte entstanden mit der Laubsäge, die mit buntem Transparentpapier hinterlegt wurden. Mein Bruder stellte einen Nähkasten in Laubsägearbeit her. Meine Schwester häkelte und bestickte Topflappen. Die Arbeiten fanden in der Küche der Sonntagsschule statt, die uns von einem Mitarbeiter zur Verfügung gestellt wurde, der in der Nähe unserer Schule wohnte.

Der Heiligabend rückte immer näher. Beim Kohlenhändler holten wir drei Sack Steinkohlen und zwei Sack Brikett mit dem Schlitten. Bei der Gelegenheit wurde auch der Tannenbaum ausgesucht und mitgenommen. Am Vortag des Heiligabends befestigte mein Bruder den Baum auf dem Tannenbaumfuß. Dann platzierten wir die Tanne wie immer in die Ecke zwischen Fenster und Sofa, wo sie am wenigsten Platz einnahm. Der Hirsch auf dem Wandbehang beäugte uns misstrauisch, als wir den Tannenbaum mit selbst gemachten Ketten aus Buntpapier und Stroh, Silberkugeln und Lametta schmückten. Die Krönung war die silberfarbene Spitze. An die starken Äste klemmten wir die Lichthalter für die Kerzen.

Am Vormittag des Heiligabends gab es noch viel zu tun. Wir mussten natürlich helfen. Die Asche aus dem Herd und dem Ofen entfernen und neu anheizen sowie Wasser aus der 200 Meter entfernten Pumpe holen, die im Winter mit Stroh und Säcken umwickelt wurde und aussah wie eine dicke Puppe. Holz reinholen und aufstapeln, den Kohlenkasten füllen und vieles mehr.

Als alles geschafft war, zogen wir am Spätnachmittag unsere Sonntagskleidung an. Aufgeregt und in freudiger Erwartung fieberten wir der Bescherung entgegen. Wir mussten in der Küche warten, bis wir ins Wohnzimmer gerufen wurden. Die Räume waren durch eine Schiebetür getrennt. «Ihr könnt kommen», hörten wir unsere Mutter rufen. Wir schoben die Tür mit dem typischen Rollgeräusch zur Seite und stürmten neugierig und gespannt ins Zimmer. Der Tannenbaum erstrahlte in seinem eigenartigen Glanz. Obwohl wir ihn am Tag zuvor selbst geschmückt hatten, war er jetzt ganz anders und wunderschön! Jeder von uns sagte sein Gedicht auf und gab danach den Eltern die geschriebenen Verse auf den verzierten Bögen. Wir sangen Weihnachtslieder, und erst dann ging es an die Geschenke. Meist waren es nützliche Dinge wie Schuhe, die im Winter sehr zu leiden hatten. Schlittschuhe wurden seitlich mittels Schlüsseldrehung am vorderen Teil der Sohle und hinten am Absatz festgeklemmt. So war der Schuhverschleiß groß, und ein Paar war immer beim Schuster. Es gab noch Handschuhe, Pudelmützen und Unterwäsche und für jeden einen bunten Teller. Meine Schwester erhielt ein Buch, mein Bruder einen Panzerwagen mit Gummiketten und ich eine leuchtend rote Feuerwehr aus Blech. Der Panzerwagen hatte am Turm eine Kanone, die feuern konnte! Beim Fahren drehte sich ein raues Rädchen, über dem an der Kanone ein Feuerstein befestigt war. Am Tag krochen mein Bruder und ich unter die Betten im Schlafzimmer, weil es dort dunkel war und wir das Mündungsfeuer gut sehen konnten. Über die Feiertage durften wir, wie jedes Jahr, den Schienenkreis für unsere Eisenbahn aufbauen. Er verlief um ein Tischbein, um die Vorderseite des Stubenschrankes und seitlich wieder zum Tischbein. Dazu gehörten ein Schrankenpaar und zwei Signale, die per Hand umgestellt wurden. Wir mussten höllisch aufpassen, dass uns die Erwachsenen nicht auf die Schienen traten. Die Lokomotive war schwer und musste mit einem Schlüssel aufgezogen werden. Sie zog zwei Personen-, zwei Güter- und einen Tankwagen. Wegen Platzmangel verschwand die Zuganlage nach den Feiertagen wieder auf dem Boden bis zum nächsten Jahr.

Am ersten Weihnachtstag ging die ganze Familie in die Kapelle zum Gottesdienst. Mittags gab es knusprigen Entenbraten. Wir hielten Hühner, Kaninchen und Enten zur Eigenversorgung. Nach dem Essen hielt uns nichts mehr, wir Kinder tobten draußen im Schnee. Ins Haus gingen wir erst, wenn es dunkel wurde.

Am schönsten waren die kalten Abende bei klarer Luft, dem aufgetürmten Schnee, dem dunklen Himmel mit den leuchtenden Sternen, die uns unser Vater zeigte und mit Namen nennen konnte … Ja, das war Weihnachten in Ostpreußen!

Friedemann Frhr. v. Hammerstein
Eine wirklich wahre Geschichte

Wie in jedem Jahr wollte ich mit unseren bereits großen Söhnen den Weihnachtsbaum einstielen. Es war Samstag, der 23.12.1995 mittags um halb eins. «Bei solch einer Aktion brauchst du Verstärkung, Papa», hörte ich stolz den kleineren der beiden Brüder tönen. Es wurden also alle Vorkehrungen getroffen, um ihm den richtigen Glanz für das bevorstehende Weihnachtsfest zu verleihen. Mein Sohn spitzte ihn unten am Ende an, damit er in den Ständer passte. «Ein wenig muss er noch zugeschnitten werden, damit sich das Ende des Baumes der Form des Ständers anpasst», meinte mein Sohn. Als der andere merkte, dass es immer noch nicht passte, nahm er den Hammer zu Hilfe. «Jetzt werden wir ihn einstielen», hörte ich ihn noch sagen, als der gusseiserne Ständer nachgab und in zwei Teile zerbrach. «Ach du großer Schreck!», jammerte meine Frau. «Wo bekommen wir jetzt noch einen Ständer her?» – «Die Läden schließen heute um 13 Uhr», bemerkte ich, da das tagelang in unseren Zeitungen bekannt gegeben wurde. «Dann wird es aber allerhöchste Zeit, dass wir einen neuen bekommen», antwortete mein Sohn. Meine Frau und ich steckten uns Geld ein und fuhren direkt nach Verden. Aber, o Schreck! Jeder wollte wohl noch schnell irgendetwas zu Weihnachten einkaufen. Also reihten wir uns in den Stau der in die Stadt Verden Fahrenden ein. «Ich gehe schon mal zu Fuß vor und besorge einen neuen Ständer», hörte ich noch meine Frau sagen, bevor sie die Tür des Autos zuschlug und verschwand. Ehe ich etwas antworten konnte, war sie schon einige Meter weg. Alles Hinterherrufen nutzte nichts. Geduldig fuhr ich Schritt für Schritt im Stau, bis ich endlich mein Ziel erreicht hatte. Mittlerweile hatte meine Frau einen neuen Ständer im Kaufhaus erworben und trat stolz mit mir die Rückreise an. Zu Hause meinte mein Sohn nur: «Mama, was für einen Ständer hast du denn da gekauft? Der ist doch für unseren Weihnachtsbaum viel zu klein!» – «Nein», antwortete meine Frau, «wenn wir ihn eingestielt und mit Wasser voll gefüllt haben, steht der felsenfest.» Wir stielten also unseren Baum zum zweiten Mal in den «neuen» Ständer ein und brachten ihn an den für ihn vorgesehenen Platz im Wohnzimmer. Der kleinere der Brüder füllte ihn mit Wasser – ganz nach Vorschrift. Nur – der Tannenbaum verlor das Gleichgewicht, neigte sich nach vorne und begrub Vasen, Geschenke und andere Dinge des Zimmers unter sich. Zudem stand das Wohnzimmer unter Wasser. Das Chaos war perfekt.

In dem Augenblick betrat ein Freund des Hauses den Raum. Ehe er überhaupt wahrgenommen hatte, um was es sich handelte, wurde er mit mir zusammen beauftragt, einen zweiten Ständer zu holen. Der erste Ständer, der zudem noch an einer Stelle abgebrochen war, wurde in die Verpackung zurückverfrachtet und zum Kaufhaus mitgenommen. «Welch ein Glück!», bemerkte ich ganz leise. Wegen des starken Besucherandranges hatte das Kaufhaus noch geöffnet. Wir erzählten dem Angestellten unser Missgeschick und dass zudem noch der Ständer angebrochen war. «Macht nichts!», hörte ich den guten Mann noch sagen. Er gab uns einen neuen, wesentlich größeren. «Neueste Qualität!», versicherte er uns. «Ein Drahtseil hält den Tannenbaum so zusammen, dass garantiert nichts mehr passiert.» Wir trauten ihm und nahmen ihn mit. In der Scheune probierten wir ihn vorsichtshalber erst einmal aus. Und siehe da – der Verkäufer hatte Recht. Jetzt konnte das Weihnachtsfest beginnen.

Der Baum fand seinen für ihn vorgesehenen Platz im Wohnzimmer. Alle meinten am Heiligen Abend: «Seht mal, was für ein schönes Bäumchen!»

Mein Sohn und ich guckten uns gegenseitig an, lächelten uns zu und meinten nur: «Ja, ja! Welch ein schönes Bäumchen! Euch allen fröhliche Weihnachten!»

Susanne Schlinker

Weihnachtsmann, Engelchen und Glitzersterne!

Mein Sohn Martin wurde Silvester 1989 geboren. Eigentlich sollte er schon am 18. Dezember, einen Tag nach meinem Geburtstag (!), das Licht der Welt erblicken. Jedenfalls war die ganze Vorweihnachtszeit unheimlich aufregend für meinen Mann und für mich, denn wir sollten zum ersten Mal Eltern werden!

Ich träumte oft davon, wie es zukünftig sein würde, die Weihnachtszeit mit einem Kind verbringen zu dürfen!? Es ist, als durchlebe man seine eigene Kindheit ein zweites Mal.

Meine jüngere Schwester und ich erlebten die Weihnachtszeit als Kinder unheimlich spannend und liebevoll von meinen Eltern inszeniert. Nie vergesse ich die Traurigkeit und Leere, die ich empfand, als man mir eines Tages eröffnete, dass es keinen Weihnachtsmann und keine Engelchen gebe!

Doch nun, so hatte ich mir fest vorgenommen, sollte mein kleiner Sohn eine ebenso glückliche und geheimnisvolle Vorweihnachtszeit erleben wie seine Mami!

Früh begann ich, ihm vom Weihnachtsmann zu erzählen, der im Weihnachtshimmel wohnte und in vielen Englein eifrige kleine Helfer hatte. Es gab eine Weihnachtswerkstatt, in der sie kaputtes Spielzeug ganz machten oder sogar neues herstellten. In der Weihnachtsbäckerei wurden herrliche Plätzchen gebacken, und durch ein Himmelswolkenloch schauten die Engelchen auf die Erde, ob die Kinder brav oder böse waren, und schrieben dies alles für den Weihnachtsmann in sein dickes Buch mit den goldenen Sternen.

Martin war aufs äußerste verblüfft, als einmal am Heiligen Abend der Weihnachtsmann höchstpersönlich aus diesem besagten Buch vorlas und ihm seine Schandtaten aus dem Kindergarten mitteilte! Warum mussten diese Engelchen auch immer so genau aufpassen! In der letzten Novemberwoche wurde der Wunschzettel an den Weihnachtsmann geschrieben. Zuerst übernahm ich die Aufgabe, später, als Martin schreiben konnte, tat er dies selbst. Natürlich wurde der Wunschzettel noch bemalt und durch Bekleben verziert!

Als die Dämmerung hereinbrach, kam er auf das Fensterbrett ins Schlafzimmer, wo das Wunschzettelenglein ihn abholen würde. Das Dachfenster musste leicht geöffnet werden, damit es auch hineingelangen konnte!

Mit Wunderkerzen bewaffnet und warm eingemummelt, machten wir uns beide ausgehfertig für unseren «Wunschzettelabholspaziergang». Selbstverständlich musste sofort draußen geprüft werden, ob der Brief an den Weihnachtsmann auch zu sehen war. Beruhigt schlichen wir durch unsere weihnachtlich geschmückte Wohngegend. Ich liebe es, die schön dekorierten Fenster und Türen zu betrachten und diese ganz eigentümliche, vorweihnachtliche Stimmung in einem aufkommen zu lassen! Gemeinsam mit meinem kleinen Zwerg zählten wir bereits beleuchtete Tannenbäume in den Vorgärten und bestaunten unsere brennenden Wunderkerzen.

Je näher wir unserem Haus kamen, umso zappeliger wurde Martin. Er lief immer schneller, um schließlich erlösend auszurufen: «Er ist weg, mein Wunschzettel ist weg!» Sogleich stürzte er zur Oma in die Stube, um ihr die aufregende Neuigkeit zu berichten.

Kurz darauf stürmte er nach oben, um dies auch seinem Papa mitzuteilen. Dann rannte er ins Schlafzimmer, um die endgültige Gewissheit zu haben. Schließlich konnte er ja auch vom Fensterbrett gefallen sein!? Aber es war alles in Ordnung, der Wunschzettel war wirklich abgeholt worden. Das Dachfenster war weiter auf als vorhin, und darunter lagen lauter kleine goldene Sternchen; Sterne vom Wunschzettelengelchen. Auf der Fensterbank lag sogar ein kleiner Schokoladenweihnachtsmann! Das musste sofort wieder dem Papa und der Oma verkündet werden. Ach, was ist Weihnachten doch für eine schöne und aufregende Zeit!

Vor dem 1. Dezember wurden 24 Päckchen verpackt und mit kleinen Basteleien verschönert. Eine Seite blieb offen, so konnte der Nikolaus die kleinen Pakete füllen und an einen mit rotem Satinband verzierten Stock aufhängen, der nach oben hin wie ein großer Triangel aussah. Eine dicke, rote Schleife wurde gebunden, an der eine goldene Glocke hing.

Martin jauchzte vor Vergnügen, als er pünktlich zum 1. Dezember die gefüllten, aufgehängten Päckchen an seiner Kinderzimmertür hängen sah. Bald kommt endlich der Weihnachtsmann! Doch das Tollste: Unter diesem Adventskalender lagen die gleichen goldenen Sternchen wie damals beim Abholen des Wunschzettels! Eine kleine Nascherei war auch wieder dabei. Er war also da gewesen! Ob der Nikolaus wohl am 6. Dezember auch kommen würde? Wie es öfter rumpelte und polterte am Abend! Waren dies die Englein oder gar er selbst?

Einmal fand mein kleiner Frechdachs zum Nikolaus eine geschmückte Rute in seinem großen roten Stiefel vor. An dieser befand sich ein beeindruckender Brief vom Nikolaus höchstpersönlich! In goldener Schrift war zu lesen, dass Martin noch eine letzte Chance bekam, sich ein wenig zu bessern, nicht so garstig zu seinen Eltern und Freunden zu sein! Ansonsten stünde es wohl schlecht um die Weihnachtsgeschenke! Nikolaus wurde von seinem Freund, dem Weihnachtsmann, gebeten, diesen Brief zu schreiben. Wieder fielen goldene Sternchen aus dem Brief!

Bis Weihnachten konnten wir förmlich an der Verwandlung unseres Filius in einen wahren «Mustersohn» merken, welchen Eindruck dieser Brief hinterlassen hatte!

Selbstverständlich wurden zum 1. Advent die Weihnachtsplätzchen gebacken. Martin saß erwartungsvoll an seinem kleinen Kindertisch und sah gespannt zu, wie Mutti kleine Schälchen gefüllt mit Zucker und bunten Streuseln aufstellte. Hinzu kam noch ein Tellerchen mit Eigelb zum Bestreichen der Plätzchen. Die Förmchen durfte er sich selbst aussuchen. Das vor Eifer glühende, mehlbeschmierte Gesicht ließ jedes Mutterherz höher schlagen! Wie sehr ich diesen bunt beschmierten, aufgeregten «Weihnachtskeks» liebte! Er unterbrach seine wichtige Arbeit nur, wenn die Weihnachtskassette in seinem Recorder umgedreht werden musste. Ich wurde es nicht müde, die stets wiederkehrenden Fragen zu beantworten: «Ob die Englein wohl sehen, wie fleißig wir sind?» Und ob sie dies auch dem Nikolaus und Weihnachtsmann erzählen würden? Ob er wohl wieder eine Rute wie letztes Jahr bekäme und ob sein Wunschzettel wohl auch angekommen sei im Weihnachtshimmel ...? Diese herrliche Phantasie, die nur Kinder in ihrer Unbekümmertheit haben!

Je älter mein Sohn wurde, umso öfter stellte ich mir die Frage: «Wie lange noch? Wie lange werden wir diese Weihnachten mit dem unerschütterlichen Glauben an den Weihnachtsmann und Gefolge noch erleben dürfen? Hatte ich vielleicht doch übertrieben mit all den goldenen Sternchen etc.? Wie würde er die Wahrheit aufnehmen, wenn der Tag «X» käme?

Meine Schwester war damals als Kind so geschockt und böse, dass sie unsere Eltern als «olle Lügner» bezeichnete und androhte, ihnen nie mehr etwas zu glauben!

Der Tag «X» kam zur Osterzeit 1998. Martin besuchte gerade die 2. Schulklasse. Er kam aufgeregt aus der Schule nach Hause und teilte mir mit, dass sie eine Geschichte über den Osterhasen gelesen hätten und seine Lehrerin dazu sagte: «Na, ihr wisst ja sicher alle, dass es keinen Osterhasen gibt, oder?»

Nein, dachte ich nur, vorbei! Kein Weihnachtsmann mehr, keine Engelchen! Schon kam die Frage: «Mama, jetzt mal ehrlich, dann gibt es doch auch keinen Weihnachtsmann, oder? Habt ihr mir die Rute in den Stiefel gesteckt und die Päckchen für den Weihnachtskalender gefüllt? Hast du die Sternchen hingestreut?»

Diese Kinderaugen, fragend und doch mit einem Hoffnungsschimmer, lass sie ja sagen: «Es gibt doch einen Weihnachtsmann und Engelchen!»

Ich verspürte einen solchen Kloß im Hals, aber er war acht Jahre alt! Er hatte ohnehin länger daran geglaubt, als ich dachte! Eigenartigerweise fast alle in seiner Klasse.

Ich musste es ihm sagen, sonst würde ich Gefahr laufen, ihn vor seinen so genannten «Kumpels» lächerlich zu machen. Das wollte ich nicht!

Also versuchte ich es so schonend wie möglich: dass es das Schönste von der ganzen Kindheit sei, den festen Glauben an den Weihnachtsmann nebst Gefolge zu haben! Die vielen aufregenden Stunden, die wir dadurch erlebt hätten!

Ich erklärte ihm, dass wir durch ihn auch unsere eigene Kindheit wieder durchlebt hätten und wie wunderbar dies für uns alle gewesen sei!

Vielleicht, wenn er selbst einmal Papa ist, wird er sich gern daran zurückerinnern, so wie ich zu Beginn meiner Geschichte, und er wird dann zusammen mit seiner Frau und seinem kleinen Krümel eine unvergessliche Weihnachtszeit erleben: mit Weihnachtsmann, kleinen Engelchen und goldenen Glitzersternchen!

Gerhard Bröhl

Weihnachtsbericht - eine neue alte Weihnachtsgeschichte

Da saßen wir nun wieder zusammen. Wir - das sind vier angegraute Freunde, die sich jedes Jahr vor Weihnachten treffen, um Musik zu hören, zu spielen und sich zu unterhalten.

Eine Männerrunde, die einen Adventssonntag nicht weihnachtsselig zu verbringen gedachte.

Heute aber entwickelte sich alles anders.

Zu unserem Erstaunen bekamen wir Besuch. Während Dieter und Gerhard mit mir gemeinsam schon auf Stefan warteten, erschien dieser nicht allein, sondern brachte zwei Gäste mit, die ihn überraschend besuchten und die er bei sich einquartiert hatte. Seine Besucher, ein junges Ehepaar, kamen aus Lagos in Nigeria.

Nach der Begrüßung wurde die Unterhaltung in drei Sprachen geführt, in Deutsch, Englisch und ein wenig in der Sprache der Yoruba.

Sam - der junge Ehemann - hatte in Deutschland studiert und sprach gut Deutsch. Seine Frau Folake sprach besser Englisch. Von uns vieren konnte nur Stefan ein paar Brocken der Yoruba-Sprache radebrechen.

Anfangs verlief die Konversation recht verkrampft. Dann sprachen wir über Musik, Weltmusik, afrikanische Musik und kamen zum Afro-Beat und der Juju-Musik Nigerias.

Unsere Gäste freuten sich, dass wir einige nigerianische

Musiker - wie Fela Kuti und King Sunny Ade etwa - kannten und ihnen deren Musik von CDs vorspielen konnten.

Höflich und gewandt erkundigten sich Folake und Sam dann nach deutscher Musik. Wir erzählten ihnen etwas von deutscher Klassik, von Volksliedern, Schlagern, Popmusik und sogar deutschem Hip-Hop.

Lächelnd fragte uns Folake dann aber zu unserem Erstaunen nach unseren berühmten deutschen Weihnachtsliedern, von denen ihr Mann ihr immer zur Weihnachtszeit erzählt habe und die er hier in seiner Studienzeit kennen gelernt hatte.

Etwas verschämt kramten wir einige Weihnachts-CDs hervor. Andächtig hörten Folake und Sam den Liedern zu und klatschten begeistert in die Hände. Wir waren ganz überrascht, freuten uns dann aber doch sehr darüber.

Plötzlich langte Gerhard in seine Tasche, zog ein Weihnachtsbuch hervor und begann ein Gedicht zu rezitieren. Dieter löste ihn ab und las eine kleine Weihnachtsgeschichte vor. Die Reaktion unserer Gäste, die sicher nicht alles verstanden hatten, war so positiv, dass ich in die kleine Abstellnische ging und die Weihnachtsdekoration hervorkramte.

Jetzt drapierten wir - ausgelassen wie Kinder - gemeinsam den Weihnachtsschmuck auf dem Tisch und an den Fenstern, zündeten Kerzen an und löschten die Lampen. Einen Augenblick lang saßen alle still um den Tisch herum, genossen das flackernde Licht, den Schmuck und die Stimmung. Dann fragte Dieter nach den Nüssen und Süßigkeiten, die doch wohl unbedingt dazugehören würden. Wir holten aus dem Vorratsschrank, was irgendwie weihnachtlich aussah oder roch.

Da kamen zutage: Honig, Marzipan, Äpfel, Apfelsinen

und ein paar Haselnüsse. Dieter, der gern aß, machte sich auf den Weg zur nächsten Tankstelle und kam mit ganzen Schätzen zurück, die er auf dem Tisch ausbreitete. Darunter befanden sich Dominosteine, Marzipankartoffeln, Schokoladenherzen, Oblaten und ein Beutel Walnüsse. Nun wurde geknackt und geschlemmt, bis es deutliche Hinweise vom Magen gab, auf die letzten Pfefferkuchen doch zu verzichten.

Daraufhin bereiteten wir Tee und Punsch. Die Gespräche wurden lockerer und gingen weit in die Vergangenheit zurück. Was wir doch alle für deutliche Erinnerungen an die Weihnachten unserer Kindheit in uns tragen. Unsere Gäste freuten sich über unsere Ereiferungen. Unser vierstimmiger Chorgesang zum Weihnachtskinderlied «Morgen, Kinder, wird's was geben», den wir mit geröteten Wangen vortrugen, amüsierte sie so sehr, dass sie fast von der Couch rutschten, um dann in die Melodie einzustimmen.

Wir wussten, dass diese Darbietung nicht mehr zu toppen war, und kamen zum Verabreden eines nochmaligen Zusammentreffens, das dann einer «afrikanischen Weihnacht» gewidmet werden sollte. Erst beim Verabschieden fiel uns auf, wie spät es bereits geworden war.

So schnell war nur ein Adventssonntag in unserer Kindheit vergangen.

Bernd Hubert
Kleines Gedicht zum Advent

Wer da wohl rennt, den jeder kennt?
Das ist der Nikolaus, der hat seinen Termin verpennt.
Einen Adventskranz trägt er bei sich vom letzten Jahr,
an dem brennt jetzt das Grün sogar.
Die Feuerwehr hat alle Not.
Knecht Ruprecht lacht sich beinah tot.
An seinem Adventskalender sind schon viele
Türchen offen,
das lässt uns recht auf Weihnacht hoffen.
Im Kläppchen elf, da steckt das Engelshaar,
das suchten wir im letzten Jahr.
Was sehe ich im Türchen zwanzig?
Ein Osterei, das ist wohl ranzig.
Und was steckt da in Fenster sieben?
Der Festtagsgruß an all die Lieben.
Die Krippentür ist aufgesperrt,
und auch das Süße ist verzehrt.
Für mich bleibt nur ein kleiner Rest: Frohes Fest!

Hildegard Patten
Weihnachten um die Jahrtausendwende

Der Schnee der treibt gar durch die Straßen
die von Mensch und Tier verlassen

Dann kommt die schöne Weihnachtszeit
die Lichter leuchten weit und breit

Die Menschen hasten strömen eilen
haben keine Zeit wo zu verweilen

Der Weihnachtsstress zieht sie in Bann
dem keiner sich entziehen kann

Geschenke häufen sich in Mengen
den Weihnachtsfrieden sie verdrängen

Gar mancher bittet die Bank um Geld
nur der was schenkt der auch was zählt

Endlich kommt der Weihnachtsabend
die Menschen können sich nun laben
Frieden kehrt in die Häuser ein
bei einem guten Glas Wein
Die Familie fest zusammenhält
gegen alles Schwere auf der Welt
Die Liebe dieser besonderen Nacht
hat schon so manches Wunder vollbracht.

Emmi Nörenberg
Kater Mohrle!

Es gibt viele Katzen, jedoch Kater Mohrle ist etwas ganz Besonderes! Vor zwei Jahren suchte ein etwas älterer Katzenherr nach einem neuen Zuhause. Das Querner Pastorat hielt er für angemessen und dachte: Hier bleibe ich – und, anhalten tut gewinnen! Der Katzenherr wurde liebevoll Mohrle genannt, bekam Hausanschluss, gute Pflege, einen separaten Katzenausgang und das Wichtigste für Mohrle: gutes Essen!

Pünktlich zu den Mahlzeiten stellte sich Mohrle ein oder beobachtete vom Ausblick «Mülltonne», was es Gutes in der Küche abzustauben gab.

So entwickelte sich aus dem verwahrlosten Tier ein prächtiger, molliger, jedoch eigenwilliger Pastoratskater, der sein Revier zu verteidigen wusste. Irgendwann gesellte sich noch ein Hund in die Familie. Das war doch sehr gewöhnungsbedürftig!

Na ja, dachte Mohrle, anfreunden ist das Beste, man muss sich ja nicht alles gefallen lassen, und legte sich zu dem Hund in den Korb. So lebte man glücklich und zufrieden. Bis zu dem Tag, als unsere Pastoren in Urlaub fuhren und die Vierbeiner nach Neukirchen ins Urlaubsquartier brachten. Auch hier gab's zu fressen und Streicheleinheiten, aber hier bleiben? «Ich nicht!», sagte sich Mohrle und verschwand beim ersten besten unbeaufsichtigten Augenblick auf Nimmerwiedersehen. Mohrle wurde gerufen, gesucht, die Nachbarschaft informiert, jeder Katzenmeldung nachgegangen – von Mohrle keine Spur!

Tage und Wochen hielten wir Ausschau nach Mohrle.

Unsere Pastoren kamen aus dem Urlaub und waren natürlich traurig! Wo war Mohrle, findet er den Weg nach Quern zurück, hat er sich ein neues Zuhause gesucht? Viele Fragen!

Bis zu einem Geburtstagsbesuch in Nübelfeld, wo sich im Gespräch mit dem Pastor herausstellte, dass vor einigen Tagen dort ein rüpelhafter Kater sich mit deren Hund und Katze um das Fressen anlegte und gerne auf der Mülltonne thronte!

So nicht! Beherzt brachte man diesen Burschen ins Tierheim!

Unser Pastor fuhr sofort dorthin, denn das konnte nur Mohrle sein. Und tatsächlich, in all den vielen Käfigen saß auch der dicke Mohrle und freute sich, endlich befreit zu werden!

Aber nicht nur Mohrle war glücklich!!!

Immerhin ist Mohrle in ca. vier Wochen fünf Kilometer auf der Suche nach seinem Zuhause gewesen. Er fand den richtigen Weg. Vielleicht traute er sich nicht über die viel befahrene Nordstraße.

Jedenfalls, Mohrle sitzt wieder in Quern vorm Pastorat und auf der Mülltonne, genießt die Streicheleinheiten, ist pünktlich zur Stelle, wenn es etwas zu fressen gibt, und überhaupt ist die Katzenwelt wieder in Ordnung!

Danke schön allen, die sich um Mohrle gesorgt und bemüht haben!

Fröhliche Weihnachten wünscht euer Kater Mohrle!

Uwe Bernzen
Der Adventskalender

Die Begebenheit, von der ich berichten möchte, ist kurz erzählt. Wie wir wissen, fiel 1989 in Deutschland die Mauer, und 1990 wurden die beiden Teile unseres Vaterlandes wieder vereinigt. Damals gingen viele Menschen vom Osten in den Westen, um da ihr Glück zu machen. Aber mancher ging auch vom Westen in den Osten, um noch einmal Schwung in seine Karriere oder sein Geschäft zu bekommen. So einer war der damals fünfzigjährige Regierungsrat A. aus L., der nach «drüben» ging, um Oberregierungsrat zu werden. Er hatte aber für seinen Wechsel nach D. noch einen weiteren Grund: A. wollte ganz dringend eine radikale Veränderung in seinen persönlichen Verhältnissen. In seiner Ehe kriselte es heftig. Vor allem seit die beiden Kinder aus dem Haus waren, lebten seine Frau und er so nebeneinander her und hatten sich nichts mehr zu sagen. A. empfand seine Ehe als lähmend langweilig. Diesen Zustand meinte er nicht mehr ertragen zu können, aber er gab sich auch keine Mühe, daran etwas zu ändern, und die Flucht schien ihm der einzige Ausweg. Da kam ihm die Wiedervereinigung gerade recht, und sein Wechsel nach D. sollte der Anfang für ein ganz neues Leben werden.

Obwohl er seine Frau inständig gebeten, ja sie sogar mit erheblicher Lautstärke angewiesen hatte, ihn nicht bei seiner Reise zum Dienstantritt zu begleiten, war sie doch mitgefahren, weil er, wie sie sagte, gar nicht in der Lage sei, seine Bude einigermaßen wohnlich herzurichten, was er energisch zurückwies.

In D. angekommen, stürzte sie sich mit Feuereifer in die Aufgabe, das bescheidene Zimmer in einer engen Wohnung eines der kasernenhaften Plattenbauten wohnlich zu gestalten. Und das gelang ihr - wie er, wenn auch zögernd, zugeben musste - vorzüglich. Als Krönung ihres Werkes hängte sie - lieb gemeint - einen Adventskalender von schlichter Art über sein Bett, denn es war der 29. November, und die Adventszeit stand vor der Tür. Dann verabschiedeten sie sich kühl voneinander, und Frau A. fuhr nach L. zurück.

«Ein Adventskalender, wie albern», sagte Herr A., als er am ersten Abend in seinem selbst gewählten Exil zu Bett ging. Obwohl er den ganzen Rummel um Weihnachten hasste, ließ er aber doch den Kalender hängen, ohne sich darüber weitere Gedanken zu machen. Am nächsten Abend lächelte er noch milde über das «kitschige» Ding. Am dritten Abend aber sah er sich das «Monstrum» näher an und öffnete aus Neugier das erste Türchen. Ein kleiner Vogel kam zum Vorschein. Das kleine Bildchen war in das große Bild hineinkomponiert, sodass der kleine Vogel auf dem Weg saß, den Maria und Joseph von Nazareth nach Bethlehem zurücklegen mussten. Maria ritt auf einem Esel, und Joseph wurde gezeigt, wie er diesen Esel führte. Das Bild war mit Silberstaub überzogen, was ihm einen auffallend geschmacklosen Charakter verlieh. Herr A. musste lachen, als er das kleine Vögelchen hinter der ersten Tür sah, und er empfand das spontane Bedürfnis, seine Frau anzurufen, um ihr von seiner kindlichen Freude zu berichten. Sie freute sich nun wieder, dass er Spaß an dem Kalender hatte, und erzählte ihm, dass sie das gute Stück für zwanzig Pfennig in einem Laden erworben hatte, in dem Bücher aus der DDR-Zeit verramscht wurden. Er wunderte sich, dass es dort Kalender mit christlichem

Charakter gegeben hatte, und argwöhnte, dass mit diesem kitschigen Ding die Religion lächerlich gemacht werden sollte. Das hinderte ihn aber nicht daran, Abend für Abend ein Türchen zu öffnen, um Bilder von Päckchen, Nikolausstiefeln, Kerzen oder anderen Versatzstücken des Weihnachtsfestes zu finden. Die 24 Türchen waren über das Bild verstreut und ließen sich nur mit großer Geschicklichkeit öffnen. Dieser Geduldsprobe unterzog er sich jeden Abend aber gerne, und Abend für Abend rief er bei seiner Frau an, um ihr von seinem Fund zu berichten. Dieses Anrufen war gar nicht so einfach, denn im Hause gab es noch kein Telefon. Das nächste Fernsprechhäuschen war nicht so nah. Dazu war es immer Glückssache, ob die Verbindung zustande kam, und manchmal musste er auch im Regen lange warten. Wenn er dann nach einem geglückten Anruf in seinem Bett lag und der Kalender über ihm glitzerte, dachte er an seine Kindheit, als ein Kalender ähnlicher Art eine bedeutende Rolle in der Vorweihnachtszeit spielte. Auch fiel ihm die Zeit ein, als seine Kinder noch klein waren und abends zu ihm mit dem Kalender kamen, damit sie gemeinsam ein Türchen öffneten und er ihnen eine Geschichte zu den gefundenen Bildchen erzählte.

Jeden Abend im Advent wurde er von dem Geheimnis der kindlichen Freude berührt, das sich offenbar in diesem Kalender verbarg. Am vierten Adventssonntag aber fiel es ihm beim Frühstück ein: «Jemand denkt an dich und hat dich lieb. Das ist das Geheimnis.» Eine schlichte Botschaft, auf die man in all dem Lärm und Trubel, der einen Menschen wie A. täglich umgibt, und bei all den eigenen klaren Vorgaben aber erst einmal kommen muss. Als es so weit war, kamen ihm die Tränen, aber es meldete sich leider auch sein schlechtes Gewissen. Oh, er konnte es nicht leiden, wenn an seinen klaren Entschlüssen, zum Beispiel dem Trennungsentschluss, dieses dämliche Gewissen herumnörgelte. Deshalb entschloss er sich, den albernen Mahner zu ignorieren und sich mit kaltem Wasser die Tränen abzuwaschen.

Am 24., nachdem er die große Tür geöffnet und selbstverständlich eine süßliche Krippendarstellung gefunden hatte, fuhr er mit dem letzten Zug nach Hause, plötzlich und unvermittelt. Er musste doch seiner Frau von dem Geheimnis und seiner «Entdeckung» berichten. «Ja», sagte seine Frau, die ihn zu seiner Verwunderung zu erwarten schien, «deine Anrufe in der letzten Woche haben mir das Gleiche gesagt. Ist das nicht ein Grund, Weihnachten zu feiern, die Gewissheit, dass jemand an uns denkt und uns liebt?»

Evelyn Reuter

Ein Rennpferd kam in den Himmel

Ein stolzes, edles Rennpferd, welches zu Lebzeiten etliche Preise und Pokale gewonnen hatte, kam in den Himmel.

Als es nun vor dem Thron Gottes stand, konnte es eine Frage, die es schon lange bewegte, nicht unterdrücken. «Sag, Herr!», sprach es. «Warum hast du damals für die Flucht nach Ägypten Maria und Joseph so einen gewöhnlichen Esel gegeben? War dir nicht bewusst, wie störrisch Esel manchmal sein können und wie einfach sie im Denken sind? So ein edles, schnelles Rennpferd, wie ich eines bin, wäre doch wohl viel besser gewesen. Die Flucht wäre wesentlich schneller vonstatten gegangen.»

«Nun, ich habe mir schon meinen Teil dabei gedacht», antwortete Gott. «Ein Esel mag zwar manchmal störrisch sein, aber seine Beharrlichkeit überwiegt. Er ging seinen Weg langsam bis zum Ziel. Ein Rennpferd wie du wäre schnell losgespurtet und ebenso schnell wieder ermüdet. Der Esel war mit wenig Futter zufrieden. Ein gutes Rennpferd hätte nur den besten Hafer gewollt. Der Esel schlief mit der Heiligen Familie im Freien und wärmte diese noch mit seinem Atem. Ein an Pflege gewöhntes Rennpferd hätte nach einem warmen Stall verlangt. Der Esel trug, ohne zu murren, die Last. Bei dir werden Reiter und Sattel gewogen, damit du kein Gramm zu viel trägst. Der Esel hat nicht lange nachgedacht, er hat einfach die Last auf sich genommen und ist losgegangen. Ein Rennpferd wie du hätte lange überlegen müssen, welches Training für diese Aufgabe wohl das richtige wäre. Siehst du jetzt ein, wie gut es war, einem einfachen grauen Esel zu vertrauen, der seinen Dienst tat, ohne dafür einen Preis oder Pokal zu erwarten?»

Mit gesenktem Haupt trottete das edle Rennpferd in den himmlischen Stall davon.

Stefan Illek

Christabend

Draußen wird es jetzt ganz leis',
die Erde färbt sich langsam weiß.
Der Winter zeigt uns seine Pracht -
kalt und dunkel ist die Nacht.

Von weitem hört man's, es klingt so rein:
Die Glocken läuten die Weihnacht ein.
Und hoch am Himmel in weiter Ferne
leuchten tausend goldne Sterne.

Die Straßen und Gassen sind nun leer,
jeder vergisst die Sorgen um sich her.
Herrlich glitzert der Weihnachtsbaum -
es ist alles wie im Traum.

Unser Heiland wurde heut' geboren,
ohne ihn wär'n wir verloren.
Drum lasst uns doch in dem Gescheh'n
den wahren Sinn der Weihnacht seh'n!

Petra Günl
Der Weihnachtsbaum

«Und denk dran, Axel, wir haben nur acht Lichterketten, und ich möchte dieses Jahr ausnahmsweise keine dazukaufen!» Regina war leicht genervt. Axel rüstete sich gerade zum Tannenbaumkauf, und Regina schwante Böses. Bei Bauer Knutz, zwei Dörfer weiter, war heute Baumverkauf. Jeder Baum 26 DM, egal, wie groß, und zum Selberschlagen. «Das sind die frischesten», pflegte Axel zu sagen. «Na, Hauptsache, du bist ganz frisch», entgegnete Regina, «bitte, Axel, lass uns einmal einen halbwegs normalen Baum haben, er kann ja ruhig groß sein, aber einmal hätte ich gerne einen Tannenbaum, der nicht das halbe Wohnzimmer einnimmt.»

«War der Baum letztes Jahr etwa nicht schön?»

«Doch, aber ...»

«Regina, jeder mag meine Bäume leiden, nur du meckerst immer rum. Willst du den Baum kaufen? Bitte!!! Geh hier zu Edeka auf den Parkplatz, zahle 80 DM für eine Nordmanntanne, ich stelle sie dir auf!»

«80 DM für einen Tannenbaum! Ich bin doch nicht Krösus! Das würde ich nie ausgeben.»

«Brauchst du auch nicht, lass Torben und mich losfahren, und suche du schon mal den Weihnachtsschmuck heraus. Torben! Kann's losgehen?»

«Ja, ich komme!», antwortete Torben von oben.

Flugs hatten beide ihre Jacken an, schnappten sich Säge, Beil und Handschuhe, und weg waren sie.

Regina seufzte. Womit die wohl wieder angeschleppt

kamen? Seit zwölf Jahren ging das so jedes Weihnachtsfest. Früher, in ihrer kleinen Wohnung, gab es noch «normale Tannenbäume», aber seit dem Einzug ins Haus hatte Axel eine regelrechte «Tannenbaum-Macke» entwickelt, die sich von Jahr zu Jahr steigerte. Axel hatte eine Vorliebe für Riesenbäume, nicht unbedingt in der Höhe, da setzte ihm die Normzimmerdecke Grenzen, aber in der Breite. Axel liebte breite Bäume. Manche sahen aus wie drei Stück nebeneinander, und der Stamm oder die Stämme, denn Bäume mit Doppelstämmen liebte Axel besonders, mussten schief sein. Axel betonte immer, ihm würde nur ein Baum ins Haus kommen, der sein ganzes Leben nicht damit gerechnet hatte, je ein Weihnachtsbaum zu werden. Und piksen musste er. Eine Fichte musste es sein. «Es muss wehtun, wenn man ihn schmückt», war Axels Devise. «Ja», sagte Regina sarkastisch, die nur mit Grauen daran dachte, «ein echter Sado-Maso-Baum.»

Eine halbe Stunde später hatte Axel den diesjährigen Traumbaum gefunden.

«Meinst du wirklich, Papa?» Torben war skeptisch.

«Mama hat gesagt, er soll auf keinen Fall größer sein als der vom letzten Jahr.»

«Der ist nicht größer.»

«Doch, Papa, guck doch mal.»

«Das täuscht. Wir sägen noch ein Stück ab. Und für 26 DM. Das ist er!»

«Den kriegen wir nicht in unser Auto.»

«Doch, den binden wir mit Spanngurten zusammen, und das kleine Stück bis nach Hause lassen wir die Heckklappe auf.»

Bauer Knutz war fröhlich. Dieses Geld war gewiss nicht einkalkuliert. Zum Glück für ihn gab es Axel.

Den Baum abzusägen war schon anstrengend gewesen,

man kam nur schlecht unter einen halben Wald. Für das kurze Stück bis zum Auto hatten sie 20 Minuten gebraucht, einen halben Wald hinter sich herzuzerren ist schwer. Dieses Monster mit Spanngurten so zusammenzuziehen, dass es in den Ford Sierra passte, übrigens kein Kombi, war schon ein Kunststück. Man musste die richtige Mischung finden. Genug, damit der Baum ins Auto passte, vorsichtig aber, damit keine Äste abbrachen.

Axel keuchte schweißgebadet: «Aber er sieht toll aus, und für das Geld!» Torben schwieg. Er wünschte dieses Ding mittlerweile zum Teufel. Der Baum war mörderisch schwer und wollte nicht ins Auto. Aber es musste gehen, bloß nicht nochmal den ganzen Zauber von vorne mit einem anderen Baum!

Endlich hatten sie es geschafft. Im Auto war knapp noch Platz für sie beide, und der Baum ragte weit hinaus. Wenn man von hinten guckte, erkannte man überhaupt kein Auto mehr, nur Tannengrün.

«Glaubst du, wir dürfen überhaupt so fahren?», fragte Torben.

«Ach, das ist doch nur ein kurzes Stück», schlug Axel die Bedenken seines Sohnes aus.

«Was will man uns denn? Kannst du ein Kennzeichen erkennen?»

Torben musste zugeben, dass da was dran war. Von hinten betrachtet, fuhr da nur ein halber Wald. Langsam bogen sie vom Acker auf den Feldweg. Als sie gerade auf die Straße wollten, sah Torben den Streifenwagen.

«Achtung, die Bullen!»

Der Streifenwagen fuhr weiter. Axel wartete noch einen Moment, schließlich musste er in die gleiche Richtung. Aber es nutzte nichts. Gleich hinter der Kurve am Ortseingang wurden sie erwartet und angehalten.

Als sie endlich zu Hause waren und nach circa zwei Stunden den Baum sogar im Haus hatten, da sowohl die Haustür wie auch die Terrassentür beim besten Willen nicht nachgeben wollten, ließen sie sich alle erschöpft in die Sessel fallen.

«Aber du musst zugeben, Regina, er ist die Mühe wert. Er sieht toll aus!», keuchte Axel.

«Ich gebe hier gar nichts mehr zu! Sag mir lieber mal, wo unsere Gäste sitzen sollen?! Den Tisch kann ich jedenfalls nicht ausziehen. Das einzige Gute an diesem Monster ist, dass es meine Haushaltskasse nur mit 26 DM belastet.» Torben dachte an die Polizisten und sagte: «Ich wäre mir da nicht so sicher.» Axel trat ihm heimlich vors Schienbein. Das Strafmandat würde bestimmt erst im neuen Jahr ins Haus flattern. Warum also den Weihnachtsfrieden gefährden.

«Was meint Torben?», fragte Regina.

«Ach, er meint, wir brauchen bestimmt doch noch eine neue Lichterkette dazu.»

Wilhelm Lobsien

Winternacht

Dämmerstille Nebelfelder,
schneedurchglänzte Einsamkeit,
und ein wunderbarer, weicher
Weihnachtsfriede weit und breit.

Nur mitunter, windverloren,
zieht ein Rauschen durch die Welt,
und ein leises Glockenklingen
wandert übers stille Feld.

Und dich grüßen alle Wunder,
die am lauten Tag geruht,
und dein Herz singt Kinderlieder,
und dein Sinn wird fromm und gut.

Und dein Blick ist voller Leuchten,
längst Entschlaf'nes ist erwacht …
Und so gehst du durch die stille,
wunderweiche Winternacht.

Herta Rauscher-Emge, Brühl
Mein Vater und seine Wunder

Nachdem meine Mutter und ich nach Kriegsende 1945 die Heimat in Südmähren verlassen mussten, fanden wir bei einem Bauern in Österreich gegen Arbeit auf den Feldern Unterkunft und Verpflegung. Durch einen glücklichen Zufall, den es im Leben bei schwersten Belastungen dann doch gibt, erfuhren wir, Vater ist aus der Kriegsgefangenschaft zurück und sucht uns bei den Verwandten in Wien.

Obwohl es in Wien durch die Zerstörung der Bombenangriffe kaum Wohnungen gab, konnte Vater für uns eine besorgen. Es war nur eine Kellerwohnung, aber unsere eigenen vier Wände. Es war nach zehn Monaten bei dem Bauern ein besonderes Gefühl, eine Türe aufmachen, hineingehen in einen Raum, sich auf einen Stuhl setzen und denken, ich bin daheim. Unser Glücksgefühl darüber war zunächst so groß, dass wir unseren Hunger fast vergaßen. Weihnachten rückte unaufhaltsam näher, und wir aßen ständig Erbsen, die wir über Nacht in Wasser einweichten, um am Morgen die Würmer herausfischen zu können, die oben auf der Wasseroberfläche schwammen.

In Wien am Naschmarkt wurden, wie damals überall in Österreich, um zu überleben, Geschirr, Teppich, Kleidung für Lebensmittel eingetauscht. Wie magisch zog dieser Tauschhandel meinen Vater an. Jeden Tag ging er hin. An manchen Tagen blieb er von morgens bis abends dort, obwohl wir nichts von diesen kostbaren Gegenständen zum Tauschhandel besaßen. Im Gegenteil, wir waren froh, wenn uns die Verwandten in Wien Teller oder Tassen brachten für einen neuen Anfang. Bis wir von unseren Verwandten eine zweite Schüssel geschenkt bekamen, besaßen wir eine, die für alle Arbeiten im Haushalt genutzt wurde.

Nie besuchten wir unsere Verwandten, weil wir uns wie Bettler vorgekommen wären, die auf ein Almosen warteten. So gaben sie uns einiges von ihrem Haushalt. Nur Lebensmittel bekamen wir nie. «Was soll ich kochen, Erbsenbrei, Erbsensuppe oder Erbsengemüse mit Maisbrot?», klagte Mutter jeden Tag.

«Ich kann die Erbsen nicht mehr riechen, geschweige denn einen Löffel davon essen», sagte ich immer mehr angewidert.

«Du bist undankbar», sagte dann Mutter. «Wir haben ein Zuhause. Es gibt nichts anderes auf Lebensmittelkarten.» Im Stillen hoffte ich auf ein Wunder. Ab und zu gibt es noch welche, dachte ich in der Jugend, später sollte ich erfahren, es gibt wirklich keine.

Vertrauensvoll verließ ich mich auf Vater, der noch immer verstanden hatte, eines zu vollbringen.

Das erste Weihnachtsfest in diesem für uns fremden Land rückte immer näher. Es schien völlig aussichtslos, auf ein wie auch immer geartetes Wunder warten zu wollen.

Der Schnee knirschte unter den Füßen der Menschen, die an unserem Kellerfenster vorüberhasteten. Gegen Abend, es dämmerte schon, kam Vater wieder vom Naschmarkt zurück. Er kam ohne seinen Mantel, den einzigen, den er besaß. Den Hut hatte er fester in das Gesicht gedrückt, den Schal enger um den Hals gelegt.

«Wo hast du deinen Mantel?», riefen Mutter und ich gleichzeitig. Er trug einige Tüten, die er immer für unvorhergesehene Glücksfälle dabeihatte, in seinen kalten Händen und legte alles, wie einen Schatz, vorsichtig auf den

Tisch. Mutter und ich durchwühlten gleich die Taschen. Vielleicht ein Brot? Vielleicht ein Stück Wurst, Kartoffeln, Mehl, Zucker oder andere Lebensmittel gegen den größten Hunger dachte ich darin zu finden.

Ich fand eine Flasche Essig, Mutter Salz und wieder Essig und immer mehr Salz und Essig und sonst nichts, bis die Taschen geleert und der Tisch voll davon war.

«Was soll ich davon kochen?», fragte Mutter entsetzt. «Dafür hast du deinen einzigen Mantel eingetauscht?» Ich sah Vater sehr bedenklich an. Vater lächelte, wie er es immer tat, wenn er mehr wusste, als wir erahnten. «Ich war nicht vergebens jeden Tag am Naschmarkt und habe mich erkundigt, wie wir an Lebensmittel kommen könnten. Wir haben nichts zum Tauschen, wie ihr wisst.» – «Dein Mantel», sagte ich traurig, «dafür hast du deinen Mantel eingetauscht.»

«Wir werden uns endlich mal wieder satt essen können», rief er so freudig wie schon lange nicht mehr. Die Freude war schon lange aus unseren Gesichtern gewichen, die Not hatte uns fest im Griff. Mit einer weit ausholenden Geste verkündete er: Wir werden alles dafür bekommen, ich verspreche es.

«Die Bauern auf den Dörfern haben kein Salz und keinen Essig, alles werden sie uns dafür geben, glaubt mir.»

«Nie werden wir dafür eine Kartoffel bekommen», rief Mutter enttäuscht.

«Und wie kommen wir in ein Dorf, wo es solche Schätze geben soll? Du bist auf ein Märchen der Leute hereingefallen, die deinen Mantel haben wollten», sagte ich traurig. Die Hoffnung platzte wie eine Seifenblase.

«Für morgen, ganz in der Früh, habe ich bereits zwei Plätze auf einem Lastwagen gekauft. Und damit werden wir in ein Dorf fahren.»

«Ich bettle doch nicht», trübte Mutter Vaters Freude. Ich wusste sofort, dass ich mitfahren musste, auch wenn Vater mich nicht danach fragte.

Im ersten Tageslicht des nächsten Tages setzten wir uns zwischen andere Mitfahrende auf die kalten Holzbänke des engen Lastwagens. Der Wind pfiff uns ins Gesicht bei der schnellen Fahrt und ging uns bis auf die Haut. Bei der Ankunft in einem der Dörfer, die vorgesehen waren, sprangen wir schnell vom Lastwagen, und Vater schritt zielstrebig vor mir her in eine der Seitenstraßen. Ich schritt noch mutig hinterher. Bald sollte mein Mut mich verlassen und nur einem beschämenden Gefühl Platz machen. Vater klopfte an jedes verschlossene Haustor und bot zunächst verlegen eine der abgepackten Salztüten oder abgefüllten Essigflaschen zum Tausch gegen Mehl, Brot oder Kartoffeln an. Nach einigen Malen war er nicht mehr so zaghaft, selbstsicher hielt er unser Mitgebrachtes zum Tausch. Nur wenn er nichts bekam, bat er um eine Tasse warme Milch für mich.

Ich begriff sehr schnell, warum Mutter nicht mitgefahren war. Denn wenn wir mit barschem Ton: «Wir haben selber nichts», abgewiesen und die Türen vor uns zugeschlagen wurden, kam ich mir sehr erbärmlich vor, und mich überkam tiefe Scham.

Auf der Rückfahrt trieben dichte Schneeflocken, wehten uns ins Gesicht, froren fest an Wimpern und Augenbrauen. In der aufkommenden Dämmerung und Eiseskälte wirkten die Gesichter der Mitfahrenden müde, grau und leblos. Ich spürte von den Widrigkeiten nichts. Ich erwärmte mich an dem aufkommenden Glücksgefühl, was Mutter jetzt alles für uns drei kochen kann. Selbst die Fahrt über die holprigen, ausgefahrenen Feldwege hinderte mich nicht, Freude zu empfinden. Bis Vater die Erwartungen dämpfte: «Wir müssen an den Gendarmen vorbeikommen, erst dann können wir uns freuen.»

«Wenn wir angehalten werden, bekommen wir alle Lebensmittel wieder abgenommen», sagten die anderen Mitfahrenden, die bereits Erfahrung hatten.

Mich konnte nichts mehr erschrecken, ich fühlte mich so reich mit unseren Kartoffeln, Eiern, Fleisch, Schmalz und vor allem mit dem ausgewachsenen lebendigen Hasen, der verborgen unter Vaters Sitz schlafend in einem Sack steckte.

Nach der schier endlos scheinenden Fahrt kamen wir wohlbehalten in Wien an. Das letzte Stück des Weges bis in die Krottenbachstraße lag vor uns.

Mutter zählte jeden Tag die Kartoffeln in einen Topf und teilte unsere Vorräte, die in dem Kellerraum neben der Küche aufbewahrt waren, haarscharf ein. Ich sah jeden Morgen hinein, um mich zu vergewissern, ob noch alle Vorräte da lagen.

Am Heiligabend machte sich Vater noch einmal zum Naschmarkt auf den Weg. Ich dachte und hoffte im Stillen, da wir vorerst genug Vorräte zum Essen haben, vielleicht kann er mir ein paar Schlittschuhe besorgen. Wieder erwartete ich eines von Vaters Wundern. Meine Schlittschuhe hatte ich zurücklassen müssen, als wir die Haustüre für immer abgeschlossen hatten. Vater weiß doch, dass ich sie mir sehnlichst wünschte. Oder er kann für jeden von uns eine Tasse bekommen?

Dann sahen Mutter und ich zunächst nur Vaters Beine am Kellerfenster und dann die Treppe herunterkommen. Doch plötzlich hörten wir noch andere Schritte. Mutter und ich sahen uns überrascht an. Wer soll uns am Heiligabend hier unten besuchen? Der Hase in der Bratröhre verbreitete in der kleinen Wohnung einen heimeligen

Duft, setzte sich in jeden Winkel, als Vorgeschmack auf ein lang entbehrtes Mahl.

Da stand Vater in der Türe und eine fremde Frau neben ihm mit einem blassen, schmächtigen Jungen an der Hand. Ich musste nicht zu Mutter hinsehen, um ihre körperliche Abwehr zu spüren.

Vater trug sein verlegenes Lächeln zur Schau, das er immer hatte, wenn ihn das schlechte Gewissen plagte. Zielstrebig ging er auf die Kellertüre zu. Niemand sagte ein Wort, eine bange Stille hatte sich breit gemacht. Wir waren verblüfft, als Vater nach unseren gehüteten Vorräten griff. Er blickte nicht hoch, als er sich bückte und Kartoffeln, Schmalz und Eier in eine Tasche gab.

«Der Bub hat gesagt, sein schönstes Weihnachtsgeschenk wäre, wenn er sich an Kartoffeln satt essen könnte», sagte Vater und teilte unsere gehüteten Vorräte. Mutter legte ganz spontan noch Mehl dazu.

Wir sahen den beiden am Kellerfenster recht zufrieden nach. Wir hatten ein doppeltes Wunder erfahren: Dankbarkeit und Freude.

Ingrid Knuth
Uff de Mallediewen

Ein Mietshaus in Berlin-Mitte, Altbauwohnung, 3. Etage. Frau Weber steht vor dem Weihnachtsbaum, der fast bis an die Decke reicht, fassungslos. Doch ehe die Tränen kullern können, schluckt sie ein paar Mal. Sie schiebt den alten braunen Stuhl an den Baum und klettert vorsichtig hinauf. Blödes Rheuma! Macht ihr in diesem Winter mehr zu schaffen als sonst. Aber was soll's? Sie zündet umständlich die oberste Kerze an. Es klingelt. Steifbeinig steigt sie runter und schleicht, den altmodischen Kerzenanzünder in der Hand, zur Wohnungstür. Wer kann das jetzt sein? Es ist zwar noch recht früh, aber doch immerhin Heiligabend. Sie schiebt leise die Klappe vom Spion zur Seite, kann aber nur einen dunklen Haarschopf erspähen.

«Wer ist da?» – «Entschuldigung, ich bin's, Beate Schirner.» Frau Weber zieht die Sicherungskette weg und öffnet. Das Flurlicht geht aus. Ihre Nachbarin steht zwischen den beiden Türen, und das Licht aus der Wohnung hinter ihr lässt die resolute Fünfzigerin wie eine unwirkliche Erscheinung aussehen. «Nochmals Entschuldigung. Ich habe bei Ihnen Geräusche gehört, und da wollte ich ... Sie sind doch Weihnachten immer bei Ihren Kindern ... Sind die heute bei Ihnen? Ich will nicht stören ...»

«Nö, nö, kommen Sie man rein. Mein Schwiegersohn will diesmal mit Ulla auf den Malediven feiern.»

«Ach, auf den Malediven? Das scheint ansteckend zu sein. Meine Kollegin ist auch hin. Und meine Freundin, na ja, die ist mit einer Reisegesellschaft auch auf die Malediven geflogen, nach Huhulu, oder so ähnlich. Sonst verbringen wir das Fest immer gemeinsam einsam. Dann will ich nicht weiter …»

Frau Weber nimmt den Arm von Beate Schirner, will sie hereinziehen. «Ich habe grade angefangen, die Kerzen anzuzünden, kommen Sie doch!» – «Na gut, aber nur auf einen Augenblick. Bei mir brutzelt eine Gans im Ofen.» Ja, das kann man riechen. «Moment, ich hol meinen Schlüssel.»

Und dann steht sie bei Frau Weber vor dem Weihnachtsbaum und kriegt den Mund nicht zu vor Staunen. «So was Schönes habe ich ja seit Ewigkeiten nicht mehr gesehen! Sie erwarten also doch noch Gäste?» Frau Weber schüttelt ein bisschen verschämt den Kopf. «Nö, ich wollte wenigstens mal einen richtigen Weihnachtsbaum haben. So einer passt ja nur in eine Wohnung mit so hohen Decken. Meine Tochter wohnt doch in 'nem Reihenhaus. Und mein lieber Schwiegersohn liebt ‹gestylte› Bäumchen, wie er es nennt. Manchmal ganz in Lila, dann nur silbern, und letztes Jahr war er blau. Ich meine, der Baum … Na ja, Olav auch.» Beate Schirner lacht. «Das kenne ich. Meine Freundin findet Weihnachten überhaupt altmodisch. Ich steuere zu unserem Abend immer so ein Gesteck vom Gärtner bei. Sie die Weihnachtsgans.» Sie lacht: «Ich meine nicht meine Freundin, obwohl … O Mensch, mein Braten! Wollen Sie nicht mit mir essen?» Frau Weber ist etwas unsicher. «Ach, kommen Sie! Ich würde mich sehr freuen.» – «Na ja, wenn Sie meinen …?» Beate Schirner steigt schnell auf den Stuhl und stülpt das Hütchen vom Kerzenanzünder über die brennende Flamme. Einträchtig ziehen sie nach nebenan. Jetzt ist es Beate Schirner, die verlegen grinst. «Sie wundern sich, dass für zwei gedeckt ist? Ich dachte … wissen Sie … So wie bei Miss … ‹Same procedure as last year.› Ich kam mir so allein vor.»

Die Gans ist knusprig braun, einfach köstlich, der Rotkohl prima abgeschmeckt, die Klöße gelungen. Sie wischen sich gerade lächelnd mit den Servietten das letzte Fett vom Mund, da geht ein Höllenlärm los. Der Mieter aus der Wohnung drüber hat das Radio auf volle Lautstärke gedreht. «Das kann ja wohl nicht wahr sein!» Beate Schirner ist empört. «Da oben wohnt doch der nette junge Mann, dieser Phillip? Sie wissen schon, der in der Reinigung arbeitet.» Frau Weber berichtet, dass er ihr dieses Jahr den Baum raufgeschleppt und aufgestellt hat. «Trotzdem, das lassen wir uns nicht gefallen! Nicht am Heiligabend! Kommen Sie mit!»

Die beiden Frauen stapfen schnaufend die Treppe hoch, klingeln Sturm. Nichts. Keine Reaktion. Beate Schirner lehnt sich einfach gegen den Klingelknopf, bis der Nachbar in einer Ansagepause wohl doch was gehört hat und wütend die Tür aufreißt. Er will gerade lospoltern, hält aber inne. «Ach Sie sind det, Frau Weber!» ‹Jinglebells, jinglebells›, dröhnt es auf den Flur. «Moment, ick mach mal das Radio leiser.» Kurz darauf ist Phillip wieder da, leicht schwankend. «Wat wolln Se denn von mia?» – «Eigentlich nur, dass Sie das Radio ein bisschen leiser machen. Danke, das ist ja nun schon passiert. Sie haben bestimmt eine Party?» – «Ne, nix Party, ick bin janz alleene. Liane … ick meene mene Freundin …», seine Stimme kickst ein bisschen, er dreht sich schnell weg, «… also, wat soll's, die is abjehaun mit nem Typen uff de Mallediven, oder wie det heeßt …»

Beate Schirner und Frau Weber wechseln einen Blick, Beates Gesicht zieht sich wie ein Luftballon mit zu wenig Luft zusammen, und Frau Weber hält sich krampfhaft die Hand vor den Mund. Dann prusten beide los: «Auf die Malediven!» Phillip zuckt zusammen: «Wat jib's denn da zu lachen?» Er ist sichtlich beleidigt. Er hat Kummer, und die beiden alten Tanten feixen!

Frau Weber fängt sich als Erste wieder, legt dem jungen Mann besänftigend die Hand auf den Arm: «Verzeihung, Phillip, ich wollte Sie nicht kränken. Wir erklären Ihnen …»

Beate Schirner springt ein: «Wissen Sie was? Essen Sie gern Gänsebraten? … Na klar! Machen Sie mal das Radio ganz aus, und kommen Sie mit zu uns!» Er druckst ein wenig rum, lässt sich schließlich doch überreden. «Aha, dann bring ick den Wein mit!» Auf der Treppe nach unten müssen die Frauen ihn ein bisschen stützen. Dann sitzt er vor vollem Teller, bemuttert von zwei nicht mehr einsamen Damen, die seine Mutter und Großmutter sein könnten.

«Aber den Kaffee gibt's bei mir!» Frau Weber lotst die beiden in ihre Wohnung.

Phillip kann seinen Augen nicht trauen. So sieht der kahle Baum aus, den er heute Morgen raufgebracht hat? Beate Schirner hat schon den Stuhl wieder rangeholt, zündet die Kerzen an. Frau Weber ruft aus der Küche: «Wer will denn überhaupt Kaffee?» – «Ich lieber nicht, dann kann ich nicht schlafen.» Und Phillip: «Nee, ick ooch nich.» – «Na, dann hab ich was Besseres.» Frau Weber kommt mit einer geschliffenen Karaffe und drei Gläschen auf einem Tablett. «Selbst gebrauter Johannisbeerlikör! Aus Ullas Schrebergarten.»

Beate hat das Deckenlicht ausgeknipst. Die Kerzen strahlen, die bunten Kugeln schimmern, der Wasserfall aus sorgfältig geglättetem Lametta leuchtet geheimnisvoll, dazwischen musizieren all die kleinen Holzengelchen, Engel mit Trompete, Engel mit Geige, Engel mit Pauke, ein ganzes Orchester. «O Tannenbaum …» Frau Webers brüchiger Alt wird etwas schräg von Beate Schirners «wie grün sind deine Blätter» übertönt. Selbst Phillip, dem der Text fehlt, brummt mit. Und dann klirren die Schnapsgläschen aneinander. «Ich heiße übrigens Charlotte», Frau Weber stößt bei Beate an, dann bei Phillip. Beate zieht nach, Phillip ist gerührt.

«Na denn Prost! Prost uff de Mallediewen!»

Eigentlich sollte die Geschichte hier zu Ende sein. Ist sie aber nicht. «Schreck lass nach!» Phillip springt wie eine kaputte Matratzenfeder hoch: «Meine Schlüssel! Und die Tür is ßu ...!» – «Nun krieg dich mal wieder ein!» Charlotte drückt ihn aufs Sofa. «Schläfst du eben hier auf der Couch. Und morgen besorgen wir einen Dietrich.»

Am nächsten Tag weiß Phillip nicht, was los ist. «Wo bin ick denn hier? Träum ick?» Es riecht wie früher bei seinen Eltern, wenn die Geschwister und er im Weihnachtszimmer schlafen durften. Vorsichtig riskiert er erst mal ein Auge, blinzelt. Sonnenstrahlen fallen schräg durchs Fenster auf den Baum. Alles glitzert. Ein Märchen! Dann überdeckt Kaffeeduft die Tannennadeln. Charlotte klopft leise an die Tür: «Bist du schon wach, Phillip?» Der grunzt vor Behagen. Zuerst schiebt sich das Tablett mit drei Kaffeebechern und der aufgeschnittenen Stolle herein, hinterher Charlotte im lindgrünen Morgenrock, die grauen Haare nicht hochgesteckt. Es klingelt. Mal wieder! Phillip hockt inzwischen auf dem Sofarand. «Hier, halt mal!» Von draußen dringt schon Beates Stimme: «Aufwachen! Fröhliche Weihnachten!» Sie sieht ungeheuer proper aus, wohlfrisiert, schicke Bluse, sogar ein wenig Lippenstift hat sie aufgetragen. Sie balanciert ein Tablett mit drei Kaffeetöpfen und einem Teller mit Christstollen. Schließlich landen Kannen und Kuchen vor dem besonnten Weihnachtsbaum. Charlotte, Beate und Phillip halten jeder zwei dampfende, duftende Kaffeepötte in den Händen. Sie klappern sie aneinander:

«Na denn nochmal Prost! Prost uff de Mallediewen!»

Markus Bertschi
Wie der Dresdner Stollen entstand

Dresden vor zirka zweihundert Jahren. Wieder ist Adventszeit. Überall drängen die Leute auf den Christkindermarkt rund um die Frauenkirche. Leise fallen die Schneeflocken hernieder. Eine Blaskapelle spielt festliche Musik. Vielerorts werden Weihnachtsgänse zum Kauf angeboten. Heute, am 24. Dezember, sind auch Josef, Maria und das Christkind unterwegs, in der Stadt eine Herberge zu suchen, denn sie mussten fliehen vor König Herodes, der dem Christkind nach dem Leben trachtet.

Es ist bekannt, dass die Tiere in der Heiligen Nacht miteinander Frieden schließen und die Jagd nach dem Schwächeren aufgeben. Auch sprechen sie heute Nacht alle dieselbe Sprache.

Unterdessen zählt der alte Metzgermeister in seiner bürgerlichen Gaststube seine Einnahmen, er schmunzelt mit seinem fleischigen Kinn: zweihundert Mark, dreihundert Mark, fünfhundert Mark. Unterdessen ist sein Bursche im Schlachthof damit beschäftigt, zwei Gänse zu köpfen, weil sie einen großen Braten, der viel einbringen würde, ausmachen. Aber gerade als er die Axt zum Schlag ausholt, schreiten Maria, Josef und das Christkindlein, das, warm eingewickelt in Decken, auf einem Esel sitzt, einher.

Plötzlich sinkt die Hand des Fleischers nieder, und die Axt gleitet aus seinen Händen. Statt den Weihnachtsgänsen «Natalie» und «Stefanie» die Köpfe abzuhauen, befreit er sie von den Schnüren, an denen sie kopfüber an einer Stange angebunden sind. Und noch mehr: Er befreit sämtliche Kälber, Schweine, Pferde und Kühe, die zum Schlachten vor der Fleischerei warten. Draußen vor der Tür werden die erleichterten Tiere bereits vom Fuchs, der nicht mehr nach dem Huhn trachtet, der Katze, die die Maus in Frieden lässt, und dem Hund, der mit der Katze, fröhlich bellend, nebeneinander schreitet, empfangen. Das Christkindlein hält sorgsam eine brennende Kerze in der Hand, die es all den Tieren, und natürlich auch dem Fleischerburschen, reicht. Es besitzt lediglich eine einzige. Aber aus dieser einzigen entstehen hundertfache Lichter. Der Fleischer, die Blutflecken noch an seiner Schürze, schließt sich verwirrt, aber wie hypnotisiert dem Zug an. Er wird von Natalie und Stefanie angeführt. Sie halten beim alten Holzofenhäuschen an. Natalie informiert nun den Zug, dass für ihre glückliche Rettung ein Zeichen gesetzt würde. Die beiden Gänse wollten eine besonders süße Delikatesse für den morgigen Weihnachtstag bereithalten.

Also mischt Natalie die Eier und das Mehl, das der Müller bringt, der sich ebenfalls dem Zug angeschlossen hat, zusammen in einem großen Blecheimer. Der Confiseur von nebenan, in dessen Schaufenster die köstlichsten Süßigkeiten zu sehen sind, spendet die Rosinen, das Backpulver, den Zucker und alle übrigen Zutaten, die, ja, ihr habt es erraten, in einen anständigen Stollen gehören.

Bald aber steigt ein herrlicher Duft aus dem Backhäuschen. Natalie und Stefanie reinigen sich die Flügel, an denen pappiger Teig vom Rühren der Mischung klebt.

Der Fleischer, der Müller sowie der Confiseur stehen mit Ehrfurcht vor dem backenden Wunder. Bald schon aber prangt ein schmackhafter Dresdner Stollen in einer festlich angerichteten Speiseplatte.

Nun, schnattern sie zum klobigen Fleischer, dir, der du

uns das Leben gerettet hast, gehört nun ein besonders großes Stück dieses Kuchens.

Dieser lässt nicht lange auf sich warten und stopft ein mächtiges Stück desselben in seinen Mund.

Exzellent, kann er nur stottern. Besonders freut sich aber das Christkindlein über das frohe Treiben. Von seinem Ehrenplatz - dem Eselsrücken - aus begutachtet es nun die stattlich angewachsene Menge.

Die Blaskapelle spielt nun «O du fröhliche», wobei alle Menschen und Tiere mitsingen oder auch nur summen, wenn sie die Strophen nicht gerade auswendig kennen.

Nun beginnen die Glocken der Frauenkirche zu läuten nicht nur zum Christfest, sondern auch dafür, dass der klobige Metzgerbursche die zum Tode verurteilten Tiere gerettet hat und somit der Dresdner Stollen an die Stelle der Weihnachtsgans getreten ist.

Von diesem Tag an, wie gesagt vor etwa zweihundert Jahren, wird jedes Jahr um die Adventszeit von Natalie und Stefanie ein wunderbarer Dresdner Stollen gebacken, welcher sämtliche Tiere und Menschen dieser großen Stadt sättigt, ja, die Postkutsche bringt die süße Köstlichkeit gar in ferne Länder. So werdet ihr euch nicht wundern, vielleicht an kommenden Weihnachten die drei Weisen aus dem Morgenland anzutreffen, denn einen echten Dresdner Stollen, den kann man nur in Dresden beim alten Backhäuschen, in welchem jedes Jahr die geretteten Weihnachtsgänse emsig arbeiten, kaufen.

Ein paar Monate später, also vor zirka 199 Jahren, erlässt der Kaiser, der ebenfalls vom Stollen fasziniert ist, die Kunde, zur Weihnachtszeit keine Gänse mehr zu töten, denn an deren Stelle ist der Dresdner Stollen getreten!

Ruth Schmidt-Mumm
Der Buchstabenrock

Es war, glaube ich, im ersten Nachkriegswinter, also 1945/46. Lisa und Lena waren mit Mutter und Großmutter in eine Flüchtlingswohnung eingewiesen worden, die aus einem kleinen Zimmer, einer noch kleineren Kammer und einer halben Küche bestand. Es war eng, aber damals mangelte es ja nicht nur an Raum, sondern eigentlich an allem; jetzt im Winter zum Beispiel an warmen Schuhen in der passenden Größe oder an kräftigen Mahlzeiten, die die Eiseskälte ein wenig erträglicher gemacht hätten.

Lisa und Lena ertrugen all diese Mängel irgendwie leichter als die Großen; es gab doch viele Flüchtlingskinder im Dorf, und alle litten unter denselben Nöten, Lisa war nicht die Einzige, die in Stiefeln herumlief, die vorn ausgestopft waren, weil sie eigentlich der Mutter gehörten. Und Lena zog zwei abgelegte Trainingsanzüge von Lisa übereinander an und sah aus wie eine kleine Regentonne auf Füßen, wie Großmutter meinte.

Jetzt aber kam Weihnachten, und die beiden Schwestern überlegten, womit sie die Großen überraschen könnten. Das war sehr schwer. Lisa hatte auf der Flucht ihre Buntstifte mitnehmen können und würde sie zu diesem besonderen Anlass auch Lena mitbenutzen lassen. Aber ein gemaltes Bild, wenn es an allem anderen bitterlich fehlte, irgendwie kam das den kleinen Mädchen dumm und überflüssig vor.

Als sie wieder einmal über diese Frage nachdachten, bemerkte Lena, dass sie jetzt in der Schule Kartoffeldruck machten. Auf Papier, aber manche Mädchen brächten kleine Stoffstücke mit und bedruckten sie zu schönen Deckchen für Mütter und Tanten. «Na und», meinte Lisa. Sie wussten beide, dass in Mutters geschrumpftem Haushalt nicht das kleinste Stückchen Stoff übrig war. «Mutters Buchstabenrock», sagte Lena mit einem Fragezeichen. Und nach einer Pause: «Wir könnten ihn bedrucken, bis man die Schrift nicht mehr sieht.»

Dazu muss gesagt werden, dass die Dorfbäckerin ihrer Mutter im Sommer zwei leere Mehlsäcke geschenkt und Mutter sich daraus einen Rock genäht hatte. Es war schöner weißer Stoff, nur waren die Buchstaben trotz vielfachen Schrubbens und Bleichens nicht ganz herausgegangen, und hier und dort konnte man auf den Rockbahnen ganz oder teilweise «canadian wheat flour» lesen. Mutter war deshalb häufig sehr ärgerlich nach Hause gekommen und hatte bemerkt, es wäre kein Spaß, als Weizenmehl herumzulaufen, und dass die Leute heimlich an ihr läsen, sobald sie irgendwo still stehen würde. Dann hängte sie den Rock immer für ein paar Tage in den Schrank zurück.

Lisa, die zunächst sorgenvoll geguckt hatte und überhaupt, wie Lena fand, sich manchmal schon wie eine von den Großen aufführte, schien sich nach einer Weile mit dem Gedanken anzufreunden und nickte. Ein bisschen Farbe konnte den Rock eigentlich nur verschönern. Und Lena meinte eifrig, die Lehrerin würde sicher etwas von dem Lila spendieren, wenn sie erfuhr, dass es für eine Weihnachtsüberraschung gebraucht würde. Und so war es auch; stolz brachte sie am nächsten Tag die Hustensaftflasche, die sie im Keller gefunden hatte, halb voll mit der kostbaren Flüssigkeit zurück. Nun musste nur noch der Zeitpunkt abgewartet werden, an dem Mutter und Großmutter zuverlässig für eine Weile aus dem Haus waren. Es war ja gar nicht mehr lang hin bis zum Heiligen Abend.

Ein paar Tage später war es so weit. Mutter musste ins Nachbardorf zur Apotheke, und Großmutter wollte bei einer Bekannten, die krank im Bett lag, nach dem Rechten sehen.

Eilig suchten die Mädchen den Rock hervor, und Lena rannte in den Keller, um Kartoffeln zu holen. «Aber nicht mehr als zwei», rief ihr Lisa nach; schon wieder benahm sie sich wie eine Erwachsene. Auch die Kartoffeln waren damals rationiert, aber das wusste Lena selber. Sie hatte sich tagelang überlegt, was für einen Stempel sie aus ihrer Kartoffel schneiden sollte, und sich für einen Kringel entschieden; sie liebte Kringel. Aber während Lisa im Handumdrehen ein wunderschönes Herz geschnitzt hatte, mühte sich die kleine Schwester um ihren Kringel, und als er fertig war, meinte Lisa, es sei ein schönes «O». Eigentlich wollte Lena gekränkt sein, aber sie hatten so wenig Zeit, also fingen sie mit dem Drucken überall dort an, wo sie auf dem ausgebreiteten Rock Buchstaben entdeckten. Das machte ungeheuer Spaß, besonders, wenn sie sich dabei noch Mutters freudige Überraschung ausmalten. Als das Werk fertig war, trugen sie es auf den Speicher und hängten es hinter den alten Schrank zum Trocknen.

Und dann kam der 24. Dezember. Die beiden Schwestern machten sich auf den Weg zum Kindergottesdienst, damit Mutter in Ruhe den Baum schmücken konnte. «Das ist aber heute elend lang», meinte Lisa, als der Pastor zum dritten Mal ein Buch aufschlug, um daraus vorzulesen. Lena nickte heftig. Endlich war es überstanden, und sie marschierten eilig und so schnell es Lisas zu große Stiefel erlaubten heimwärts. Obwohl sie ja eigentlich sicher sein konnten, dass es keine Geschenke geben würde – wo sollten diese bei all der Knappheit herkommen –, waren sie doch aufgeregt. «Hauptsache, nicht wieder Bindfadenstrümpfe», meinte Lena. Die hatte sie im vorigen Jahr bekommen. Großmutter hatte sie von einer riesigen Garnspule gestrickt, und sie waren hart und kratzig geworden. Auf der Spule war noch jede Menge Garn, das wusste Lena genau. Und während sie sich weiter überlegten, was sie sich von Herzen gewünscht hätten, wenn das möglich gewesen wäre, blies ihnen der Wind Schneeflocken ins Gesicht, sodass sie rote Backen bekamen.

In der Küche zogen sie die nassen Stiefel aus und hängten ihre Mäntel vor den Herd. Auf der Herdplatte stand schon der Topf mit dem dampfenden Heißgetränk, das köstlich nach Zimt und Zitrone duftete und den Magen wärmte. Und dann ging Mutter voran in die Stube, um die Kerzen anzuzünden, und dann folgte der Rest der Familie. Das Bäumchen war so hübsch mit seinen vier Kerzenstummeln, an den Zweigen hingen kleine Äpfel und ein paar silberne Sterne aus Stanniolpapier; und als dann die Mädchen ihre Gedichte aufsagten, entdeckten sie unter dem Baum zwei Geschenkpakete. Das eine enthielt fast neue Schlittschuhe für Lena, und in dem anderen fand Lisa ein Buch und ein Federetui aus Stoff. Sie waren ganz überwältigt – wie hatte Mutter das nur wieder geschafft? Eilig rannten sie auf den Speicher und holten den Rock. Lena trug ihn quer über beide Arme gebreitet ins Zimmer und hielt ihn Mutter vor die Augen; die unzähligen lila Kringel und Herzen sprangen ihr buchstäblich ins Gesicht. «Kartoffeldruck», sagte sie hilfreich, als sie eine gewisse Ratlosigkeit in Mutters Blick zu erkennen glaubte. «Damit keiner mehr an dir liest», ergänzte Lisa, und die Mutter begriff langsam, dass es sich um ihren Sommerrock handelte. Als sich ihre Überraschung etwas gelegt hatte, drückte sie die beiden Mädchen fest an sich und bedankte sich.

Dann stellte Großmutter das Heißgetränk auf den Tisch und die selbst gebackenen Printen aus Mehl, Mohrrüben und Sirup, die man erst beißen konnte, wenn man sie lange genug in das Heißgetränk getaucht hatte. Und während es draußen schneite, erzählten die Großen von früheren Weihnachten und vielen anderen Erinnerungen, und die Mädchen saßen jedes in einer Sofaecke; Lena mit Schlittschuhen an den Füßen und Lisa mit ihrem Buch.

Irgendwann schliefen sie ein, und Mutter und Großmutter trugen je ein kleines Mädchen ins Bett, nachdem sie Lena Schuh und Schlittschuh ausgezogen hatten. Mutter hängte den Rock an die Schrankwand und war noch immer gerührt, dass sich die Kinder so viel Gedanken um ein Geschenk gemacht hatten. Andererseits war sie aber auch froh, dass ihr noch bis zum Sommer Zeit blieb, um sich für dessen künftige Verwendung etwas einfallen zu lassen.

Gerhard Axt

Wünsche zur Weihnachtszeit

Wieder gekommen ist die Zeit der Lichter
mit ihrem hellen, frohen Schein.
Dränge doch
in aller Menschen Herzen und Gesichter
vom Lichte, nur ein Schimmer ein.

Wenn Schnee und Eis bedecken Wald und Feld
und das Reh frierend an der Krippe weilt,
dann besinnt euch:
Arbeit und Brot für alle hat die Welt!
Sorgt dafür, dass redlich wird geteilt!

Wenn festlich geschmückt erstrahlt
der Weihnachtsbaum,
werden liebevoll Überraschungen beschert.
Bewahrt euch diesen Kindheitstraum;
denn er macht das Leben lebenswert.

Wenn die Weihnachtsglocken läuten
in der heiligen Nacht,
lasst die Hoffnung Wahrheit werden,
beharrt nicht länger auf des Feuers Macht,
verkündet die Botschaft:
Endlich Frieden sei auf Erden!

Christa Klebba
Warten auf die Weihnachtspakete aus dem Westen

Bis kurz vor dem Mauerfall unser Ausreiseantrag genehmigt wurde, lebten wir in der ehemaligen DDR in der Stadt Erfurt, die durch den Amoklauf eines Schülers im Jahr 2002 in die Schlagzeilen kam.

Erfurt liegt im schönen Thüringer Land, eine knappe Stunde Autobahnfahrt bis zur Wartburg. Die Wahrzeichen der Stadt sind der Dom und die Severikirche.

Wir wohnten im Norden von Erfurt, im Schwalbenweg, mit unseren fünf Kindern in einer 60 qm großen Wohnung.

Ab Mitte November begann das Warten auf die Westpakete, die unsere hauptsächlich im Spessart wohnenden Verwandten jedes Jahr für uns packten. Heute wissen wir, dass es vielen von ihnen auch nicht leicht gefallen ist, jedes Jahr ein solches Paket für uns zusammenzustellen.

Die ersten Pakete enthielten meist Adventskalender mit kleinen Schokoladenfigürchen hinter einem weihnachtlichen Bild für die Kinder. Auf der Rückseite dieser Kalender befand sich oft noch ein Bastelbogen, den wir nach der Adventszeit sorgfältig aufhoben bis zum nächsten Jahr, um ihn dann mit den Kindern zusammen zu basteln.

Heiß begehrte Artikel waren vor allem Orangen, Nüsse und Schokolade-Artikel, die wir vor allem für den St. Nikolaustag herbeisehnten. Orangen gab es nur selten, ebenso wie Nikoläuse aus Schokolade oder andere weihnachtliche Leckereien, wozu auch die Lebkuchen gehörten.

Unser jüngster Sohn, der bis zu seinem fünften Geburtstag an einer Mehlunverträglichkeit litt, besaß sogar einen ärztlichen Schein, der uns dazu berechtigte, Zitrusfrüchte und Bananen bevorzugt kaufen zu dürfen, wenn wirklich einmal welche im Angebot sein sollten. Sie haben richtig gelesen: Bevorzugt kaufen durften wir auf diesen Schein, bezahlen mussten wir wie alle anderen auch. Wir hatten nur den Vorteil, uns dann nicht an das Ende einer langen Schlange stellen zu müssen, sondern konnten uns gleich bei der Verkäuferin melden. Diesen vom Kreisarzt ausgestellten Schein haben wir sorgfältig aufgehoben. Da darauf auch genau verzeichnet wurde, wann wir Zitrusfrüchte erhielten, kann man heute noch nachprüfen, dass dies nur etwa alle 8 Wochen der Fall war. Sinn des Vermerks war, dass niemand, der solch einen ärztlichen Berechtigungsschein besaß, in einer Woche mehr als ein Kilo Zitrusfrüchte kaufen konnte. Da diese Früchte ja nur für unseren jüngsten Sohn bestimmt waren, können Sie sich bestimmt vorstellen, wie sehr die übrigen vier Kinder auf den Nikolaus und das Christkind warteten, um auch einmal etwas von diesen süßen Früchten zu bekommen.

Wenn die Pakete eine genormte Größe nicht überschritten, bekamen wir vom Postboten nur einen Schlüssel in einem Umschlag, um uns dann an der Zustellanlage das Paket abholen zu können.

Wir hatten Glück. Alle unsere Pakete, die sich in der Zustellanlage befanden, kamen an. Ich habe aber auch erlebt, dass bei Nachbarn Tränen flossen, weil ihr Paket aus der Zustellanlage gestohlen worden war.

Ärger hatten wir manchmal mit Paketen, die die genormte Größe überschritten. Diese Pakete mussten auf der Hauptpost abgeholt werden. Meistens waren sie geöffnet und vom Zoll kontrolliert worden. Manchmal hatte man da auch einfach in eine Packung mit Kakao oder Kaffee gestochen, und der Inhalt rieselte dann aus dem nur schlecht wieder verschlossenen Paket. Nach Nikolaus brachte ich die Pakete dann immer zu einer Nachbarin: Agnes Müller, genannt Müllerchen, damit unsere Kinder nicht zu früh die Geschenke vom Christkind entdeckten.

Wenige Tage vor Heiligabend lud mich Müllerchen dann immer zum Adventskaffee ein, dabei haben wir die Geschenke für die Kinder aus den Westpaketen dann weihnachtlich verpackt, dabei sangen wir zweistimmig Weihnachtslieder.

Am Heiligen Abend, wenn die Kinder mit meinem Mann in der Kinderchristmette waren, schleppte ich alles aus der Wohnung unserer Nachbarin in unsere Weihnachtsstube. Mit viel Freude und Dankbarkeit wurden die Geschenke unter den Christbaum gelegt.

Wie viel Freude haben uns unsere Verwandten immer bereitet.

Weihnachtslieder singen wir auch heute am Heiligen Abend noch mit unseren Kindern, die inzwischen 30, 29, 25, 20 und 17 Jahre alt sind. Damals sangen wir eine besondere Strophe des Liedes «Süßer die Glocken nie klingen» voll Dankbarkeit:

«Süßer die Glocken nie klingen
als in der Weihnachtszeit,
es ist, als ob Engelein singen wieder von Frieden und Freud.

Denkt an den Vater, die Mutter, das Kind, denkt an die Lieben, die fern von euch sind, Glocken mit heiligem Klang klingen die Erde entlang.»

Heute wohnen wir wieder in dem kleinen Spessartdorf,

von wo aus die Pakete damals abgeschickt wurden. Viele unserer Verwandten leben nicht mehr, aber Weihnachten denken wir immer wieder ganz besonders an alle, die uns damals, als die Kinder noch klein waren, so sehr unterstützten.

Rosalie Bruns
Schwarz geschlachtet

Es war der vierte Dezember 1946. Sonne und Kälte zeichneten diesen Tag aus. Es roch nach Schnee. Nichts Ungewöhnliches für die Winterzeit. Außerdem war bald Weihnachten, und wir Kinder wünschten uns sowieso ein Weihnachtsfest mit viel Schnee. Heute wurden wir etwas unsanft geweckt. Beeilung, Mädchen, Beeilung, rief Mutter. Wir fahren zur Großmutter nach Weidenhagen, wir müssen unbedingt den ersten Zug erreichen. Noch schlaftrunken konnte bei meiner Schwester Ulla und mir von Beeilung keine Rede sein. Doch die Aussicht auf eine Bahnfahrt trieb uns an. Hastig wurde noch ein Frühstück eingenommen, dann ging es los.

Das einzig Verwunderliche war, dass Mutter so viele Zeitungen in die Koffer gelegt hatte.

Es war schon erstaunlich, wie viele Menschen mit Rucksäcken und Koffern auf dem Bahnsteig standen. Der Zug kam relativ pünktlich auf unserem kleinen Bahnhof an.

Vater umarmte uns, riet Mutter zur äußersten Vorsicht und verließ mit schnellen Schritten den Bahnsteig.

Wir hatten Glück und ergatterten einen Sitzplatz. Der würde für uns drei schon reichen. Viele andere mussten mit Stehplätzen im zugigen Gang zufrieden sein.

Unser Ziel war Weidenhagen, ein kleines Dorf bei Minden. Mit dem Bummelzug eine ganze Weile zu fahren. Wenn es im Zug nur nicht so kalt gewesen wäre. Aber jede Fahrt hat einmal ein Ende – so auch diese.

Noch einmal umsteigen, das war's. Das letzte Stück,

einen Weg von fast vier Kilometer, mussten wir zu Fuß zurücklegen. Dann endlich waren wir auf dem Hof unserer Großeltern. Wir wurden zwar erfreut begrüßt, aber es herrschte schon eine unübersehbare Hektik auf dem Anwesen.

Mutter zog sich schnell um und ging zu den anderen Erwachsenen.

Wir Kinder wurden mit allen Cousinen und Cousins in einen der hinteren Räume verbracht, in dem ein alter Kachelofen wohlige Wärme ausstrahlte.

Klar, dass wir - angesteckt durch die Hektik der anderen - besonders neugierig wurden. Was sollte hier und heute nur geschehen? Meine drei Jahre ältere, schon immer vorlaute Cousine Gunda klärte Ulla und mich auf.

Heute wird hier schwarz geschlachtet: Das verkündete sie in ihrer herablassenden Art und lachte uns aus. Darum müssen auch alle Fenster und Türen geschlossen bleiben, damit niemand sieht, was wir hier machen, fügte sie noch belehrend hinzu.

Schwarz geschlachtet, was bedeutete das nur, das hörte sich ja schrecklich an. Ulla war schon den Tränen nahe. Mir verbot mein Dickkopf weitere Fragen. Schließlich sollte Cousine Gunda nicht noch mehr über mich lachen. Sie war ohnehin eine dumme Gans - ich hatte sie nie leiden können. Aber «schwarz geschlachtet» ging mir nicht mehr aus dem Kopf. Was oder wer sollte geschlachtet werden - und wo blieb nur unsere Mutter? Nach einer Weile brachte Tante Marie, eine Schwester meiner Mutter, Kakao für uns Kinder. Ich beobachtete sie genau. Zwar sehr in Eile, lächelte sie uns doch freundlich an.

Wenn Tante Marie noch so freundlich lächeln konnte, war dann schwarz schlachten vielleicht doch nicht so schlimm? Vielleicht sogar ein Spiel für Erwachsene?

Da wir alle früh aufgestanden waren, machten wir – trotz der inneren Unruhe – einen Mittagsschlaf. Als ich wach wurde, schliefen die anderen Kinder noch tief und fest.

Ich aber hielt es nicht mehr aus, ich musste den Dingen auf den Grund gehen. Leise verließ ich die Kammer, schlich über die große Diele und dann immer den Geräuschen und Stimmen entgegen. Endlich hatte ich sie im Schlachthaus neben dem Kuhstall aufgespürt. Was ich nun sah, übertraf meine Vorstellungen. Ich hatte zwar mit meinen zehn Jahren zu Hause schon beim Schlachten geholfen, doch dabei hatte es sich um Hühner oder Kaninchen gehandelt.

Hier aber hingen drei ausgeweidete Schafe kopfüber auf großen Holzpaletten. Ich konnte sie an dem bereits abgezogenen Fell, das in einem der Bottiche steckte, erkennen.

Onkel Walter war damit beschäftigt, eines der Tiere fachgerecht zu zerlegen.

«Gertrud, dies ist für dich!», rief er meiner Mutter zu, «du musst ja als Erste wieder los.»

Meine Mutter und meine Tanten Maria, Lina und Emma übernahmen das Fleisch zur Weiterverarbeitung.

In einem der Kessel dampfte Brühe mit Fleisch, und ich verspürte bei all dem Durcheinander plötzlich Hunger.

Ich hätte gerne noch weiter zugesehen, aber Mutter hatte mich entdeckt und schickte mich auf dem schnellsten Weg zurück zu den anderen Kindern.

«Kathi, es gibt bald Essen», rief sie mir noch nach. Ich trottete meinen Weg zurück zu den anderen.

Zwar hatte ich nun gesehen, dass geschlachtet wurde, was mir ja auch gar nicht so fremd war, aber «schwarz geschlachtet», das verstand ich noch immer nicht. Die Schafe waren doch hell und nicht schwarz gewesen.

Eine Weile später wurden wir alle in die Küche gerufen. Hier wartete eine warme Mahlzeit auf uns. Die meiste Arbeit schien geschafft – die Großen sahen ruhiger und gelassener aus.

Was aber nun schwarz schlachten bedeutet, würde ich mir später von meiner Mutter erklären lassen – hier jedenfalls nicht. Am frühen Abend mussten wir uns wieder auf den Heimweg machen. Der 19-Uhr-Zug würde bestimmt nicht auf uns warten.

Da wir die nun schweren Koffer nicht den ganzen Weg zum Bahnhof tragen konnten, wurden die Koffer in einen Bollerwagen verstaut. Onkel Walter brachte uns zur Bahn. Wir kannten Onkel Walter nur sehr wortkarg, ja, man könnte sogar meinen, er sei von Natur aus etwas brummig. Doch er wartete geduldig mit uns auf den Zug, hob dann auch noch beide Koffer hinein. Nach einem kurzen Abschiedsgruß verließ er uns, um den langen Weg zum Hof zurückzugehen.

Die Fahrt bis Minden verbrachten wir stehend im Gang. In Minden half uns ein Mitreisender, die Koffer aus dem Zug zu zerren. Seine Verwunderung über das schwere Gepäck war ihm anzusehen. Da er aber scheinbar in Eile war, verschwand er schnell in der Menge der Mitreisenden. Nun standen wir also erneut auf einem Bahnsteig, und das ziemlich allein.

Es dauerte nicht lange, da konnten wir der Lautsprecheransage entnehmen, dass unser Zug eine Stunde und zehn Minuten Verspätung haben würde. Was nun? Bereits nach kurzer Zeit waren wir total durchgefroren.

Großartig auf und ab gehen konnten wir auch nicht. Man ließ nicht einfach so zwei Koffer stehen. Uns trennen, um einzeln herumzulaufen, wurde uns von unserer Mutter strikt untersagt. «Wir bleiben hier alle zusammen stehen, bis unser Zug kommt, stellt euch ein wenig um die Koffer herum», schärfte sie uns ein. Mutters Worte hatten so bestimmt geklungen, dass wir keinen Widerspruch wagten. Außerdem war es unheimlich auf dem Bahnsteig. Zwei ganze Lampen dienten als Beleuchtung. Wir standen in der Nähe der einen Lampe.

Es dauerte nicht lange, da hörten wir das Hecheln eines Hundes. Beim Näherkommen erkannten wir einen Bahnpolizisten, der von seinem Schäferhund regelrecht in unsere Richtung gezerrt wurde. Ulla und ich bekamen Angst. Mutter sicher auch.

Mit den Worten «Ihr bleibt hier stehen!» ging sie dem Bahnbeamten entgegen und verwickelte ihn in ein Gespräch über Anschlusszüge für uns und wie hungrig und müde ihre Mädchen schon wären.

Sie redete zu unserer Verwunderung ohne Pause. Ebenso ohne Pause zerrte der Schäferhund an der Leine, er war nicht zu beruhigen.

Der Beamte machte den Hund in einiger Entfernung fest und kam erneut auf uns zu. Zunächst ließ er sich Ausweise und Fahrscheine zeigen, dann besah er sich die beiden mit dicken Bindfäden versehenen Koffer, hob einen der Koffer an und stellte ihn sofort wieder hin. Aber wir alle hatten den großen nassen Fleck gesehen, der aus dem schon etwas aufgeweichten Pappkoffer ausgetreten war.

Der Beamte – ein für mich schon etwas älterer Herr – sah uns, wie mir schien, verstehend an. Er befahl uns, hier zu warten, und ging mit den Worten: «Bin gleich wieder da!» Wir sahen noch, wie er seinen Schäferhund nahm, kurz darauf war er in der Dunkelheit verschwunden.

Wie festgenagelt blieben wir stehen. Wohin hätten wir auch gehen sollen? Deutlich spürten wir die Angst unserer Mutter vor dem, was noch kommen würde. Wir saßen scheinbar in der Falle. Langsam füllte sich der Bahnhof wieder mit Leuten, die Rucksäcke und Koffer trugen. Aber irgendwie hatte ich den Eindruck einer bedrückenden Stille.

Nach scheinbar endlos langer Zeit wurde unser Zug angekündigt. Beim Einsteigen drängten sich die anderen rücksichtslos vor. Ulla und ich nahmen einen Koffer, Mutter nahm den größeren. Plötzlich stand - wie aus dem Nichts - der Bahnpolizist neben uns. Nun ohne Schäferhund.

Schnell brachte er hintereinander unsere beiden Koffer in den Zug und ging, noch ehe wir uns bedanken konnten. Der Zug fuhr ab. Wir blieben im Gang stehen. Einen Versuch, Sitzplätze zu bekommen, machten wir erst gar nicht. Mutter hielt rechts und links ihre Arme um uns, so, als wollte sie uns beschützen. Sie, die stets eine couragierte Frau war, sahen wir für einen kurzen Moment weinen. Der Kontrolleur, der später durch den Zug ging, schenkte uns keine Beachtung.

Es war schon fast Mitternacht, als der Zug zu Hause in Hagendorf einlief. Dort stand unser Vater auf dem Bahnsteig. Gerade als Ulla und ich ihn begrüßen wollten, zerrte Mutter uns weiter zur Sperre. Hier wurden wir nach mitgeführtem Gepäck befragt. Da wir nichts als eine Tasche dabeihatten, konnten wir passieren. Schnell ging Mutter mit uns zu einem kleinen Weg, der am Bahndamm entlangführte.

Hier wartete Vater auf uns. Neben sich unseren Handwagen, in dem beide Koffer standen.

Vater hatte sie aus dem Zug geholt und durch eine Lücke im Zaun hindurch den Bahndamm heruntergebracht. Er als Beamter hätte die Fahrt auf keinen Fall mitmachen dürfen. Im Eiltempo ging es nach Hause. Schnell noch die

Koffer ins Haus gebracht, den Handwagen in den Schuppen, dann fielen wir uns alle vor Freude und Erleichterung in die Arme. Vater löste die Bindfäden und öffnete die Koffer.

Verteilt in beiden Koffern lag eines der geschlachteten Schafe. In handliche Stücke zerlegt und in Geschirrtücher eingewickelt. Alle Hohlräume waren mit inzwischen durchgeweichtem Zeitungspapier ausgestopft.

Wir hatten es geschafft. Nun konnte es Weihnachten werden. Es würde ein Festessen geben wie schon lange nicht mehr. Darüber hinaus war die Ernährung unserer Familie für eine ganze Weile gesichert.

Langsam fiel die Aufregung des Tages von uns ab. Total müde gingen wir ins Bett.

Doch bevor ich einschlief, sollte ich noch erfahren, was schwarz schlachten bedeutet.

Rosemarie Hahn

Der vergessliche Nikolaus
Eine wahre (Vor-)Weihnachtsgeschichte

Ein Tag voller Hektik geht zu Ende. Die Büroarbeit muss – wie so oft – in den Abendstunden erledigt werden. Ich schaue auf die Uhr. Gleich elf.

«Kommst du?», rufe ich meinen Mann.

«Später», antwortet er. «Du weißt doch, die Inventur.»

Auf dem Weg ins Bad höre ich ihn fragen: «Welches Datum haben wir heute?»

«Ich glaube, den 29.», antworte ich.

«Aber warte, ich schau mal nach.»

In der Küche bleibe ich wie gebannt vor dem Kalender stehen.

Nein! Heute ist schon der 30. November. Ach, du lieber Himmel! Ich habe es vergessen.

«Welches Datum?», ruft mein Mann ungeduldig.

«Der 30.», antworte ich kleinlaut. «Leider.»

«Wieso leider?», fragt er.

«Hast du daran gedacht?», entgegne ich.

«Morgen ist der 1. Dezember. Ich habe nichts für die Pantoffeln der Kinder.»

Dieses heimliche «Was-in-die-Schuhe-Schieben», bis in die Spitzen, damit die Überraschung ja nicht zu früh entdeckt wird. Jedes Jahr, die Zeit vom 1. bis zum 6. Dezember, wenn der Nikolaus kommt.

Und jetzt? Was mach ich nur? Welchen Ersatz biete ich an? Ersatz? Den gibt es dafür nicht.

Erwartet und geliebt wird das in gold- und silberfarbenes Stanniolpapier eingewickelte Naschwerk mit den bunten, kitschigen Weihnachtsmotiven, dessen Verpackung teurer ist als sein Inhalt.

«Und so was darf sich Schokolade nennen», schimpft mein Mann Jahr für Jahr, weil immer etwas kleben bleibt, wenn das Zuckerzeug über seine (sieben?) Brücken geht.

Einen Hoffnungsschimmer habe ich! Vielleicht stehen die Pantoffeln nicht vor den Türen. Denn das ist die Regel: keine Pantoffeln – keine Überraschung.

Im Kindergartenalter gingen abends vor dem Einschlafen die Kinderzimmertüren mindestens zweimal auf, um nachzuschauen, ob die Pantoffeln noch da waren oder ob der Nikolaus schon eine Süßigkeit hineingelegt hatte.

Und heute? Tobias ist zehn, Daniel dreizehn. Vom Nikolaus haben die beiden in den letzten Tagen nicht gesprochen. Wahrscheinlich ist es ihnen nicht mehr so wichtig, versuche ich mich zu beruhigen, als ich die Treppe zu den Schlafzimmern hinaufgehe.

Vor Daniels Tür – nichts. Erleichtert schaue ich eine Tür weiter. Und da thronen sie, mitten vor der Tür, sorgfältig nebeneinander, liebevoll hingestellt.

«Nimm doch Duplos!» Die Stimme meines Mannes, der in den Schränken von Wohnzimmer und Küche nach etwas Weihnachtsähnlichem kramt, reißt mich aus meinen Gedanken.

Duplos ... Was haben Duplos mit Weihnachten zu tun?

Ich eile in die Küche. Mein Blick fällt auf die Obstschale. Mandarinen! Ja, das geht. Ich bin gerettet – glaube ich.

Am nächsten Morgen hält sich Tobias' Begeisterung in Form von «Ich red heut nicht mit euch» in Grenzen. Erklärungen meines Mannes, dass er sich mit zehn Jahren in der Nachkriegszeit über Mandarinen sehr gefreut hätte, helfen über die sichtbare Enttäuschung nicht hinweg.

Daniel, dem dieser Zirkus auf den Wecker geht, meint zu seinem Bruder: «Mann, cool bleiben! Du stellst deine Latschen heute Abend doch sowieso wieder raus.» Ich werfe Daniel einen dankbaren Blick zu.

«Vergiss bloß nicht den Weihnachtskram!», rufe ich meinem Mann, der nach dem Frühstück den Einkaufszettel mitgenommen hat, hinterher.

Nachmittags geht Tobias verdächtig oft in die Küche, öffnet Schubladen und Schranktüren, um herauszufinden, ob die Sache mit dem heimlichen Nikolaus am kommenden Morgen für ihn gut ausgeht.

Zum Glück weiß er nicht, dass die von ihm so begehrten Schokoladenteile tagsüber spazieren gefahren werden und erst spät am Abend ins Haus gelangen.

Besonders leise schleiche ich abends im Halbdunkel mit vollen Händen und zwei kleinen Nikoläusen - als Entschädigung für meine Vergesslichkeit - die Treppe hoch.

Sieh mal an, der «Große» hat seine Pantoffeln heute auch vor die Tür gestellt. Ein wenig großzügiger als im vergangenen Jahr fülle ich sie.

Schnell gehe ich eine Tür weiter und stolpere über irgendwelche Gegenstände. Ich schalte das Licht ein. Ich traue meinen Augen nicht.

Vor Tobias' Tür stehen in Dreierreihen mindestens neun Paar Schuhe: Stiefel, Sandalen, Straßenschuhe, Pantoffeln, Badelatschen, Sportschuhe - auch zu klein gewordene. Unbemerkt hat er all das Schuhwerk, das der Abstellraum für ihn hergab, in den ersten Stock geschafft.

Auf seinem neuen Schuhlager liegt ein großer, weißer Zettel. Mit einem extradicken, roten Filzstift hat er in Riesenbuchstaben darauf geschrieben:

«KEIN OBST!!!»

Sigrun Kiesewetter

Der Nikolaus, Peter und ich

Ich war vier Jahre alt, als ich meinen ersten Heiratsantrag bekam; und das kam so: Meine Mutter musste kurz vor Weihnachten 1944 während des Zweiten Weltkrieges von Stettin allein mit ihren vier Kindern flüchten. Wir landeten nach schrecklichen Irrungen und Wirrungen schließlich in Mecklenburg auf einem großen Gutsschloss. Die Besitzer hatten ihre riesigen Scheunen den Flüchtlingen zur Verfügung gestellt. Wir logierten auf ca. 5 Quadratmetern. Jedoch täglich wurde unser Platz immer enger, und schließlich konnten wir unsere Arme und Beine kaum noch ausstrecken, denn jede Familie bekam einen Platz zugewiesen. Mittags und abends stellte man sich mit einem Blechnapf auf dem Hof an und bekam von den Mitgliedern der Gutsbesitzerfamilie eine Kelle Suppe oder Brei.

Fast ununterbrochen kamen neue Flüchtlingstransporte, und es wurde immer noch enger auf unserem Scheunenplatz. Jedes Mal bei Ankunft eines neuen Transportes rannten wir Kinder raus. Wir starrten die neuen Kinder unverwandt an. Da! – Den kleinen Jungen kannte ich! Mit großer Freunde rannte ich hin und zupfte ihn an seinen kleinen Strickhandschuhen. Seine Mutter stieß einen Freudenschrei aus. Selten habe ich später meinen Namen so glücklich rufen hören. Es war eine Schulfreundin meiner Mutter, die uns oft in Stettin mit ihren beiden Söhnen besucht hatte. Ich brachte alle drei durch das Gewühl zu meiner Mutter. Tief in mir spüre ich noch heute die Vorfreude, die ich damals empfand über die glückliche

Überraschung, die ich meiner Mutter bereiten würde. Die beiden Frauen, die sich auf so unverhoffte Weise wieder gefunden hatten, konnten nicht aufhören, sich zu umarmen, und die Tränen liefen ihnen die Wangen hinunter. Wir aber rückten noch enger auf unserem Stroh zusammen, um Platz für die Neuankömmlinge zu schaffen.

Am nächsten Tag war Nikolaustag, der 6. Dezember. Es hatte in der Nacht geschneit. Wir Kinder, die wir den Ernst und die Dramatik unserer Situation gar nicht einschätzen konnten, rannten hinaus und suchten uns eine Holzplanke. Die wurde in unserer Phantasie zum Schlitten. Hinter unserer Scheune lag ein Hügel, und wir sechs Kinder stapften hinauf. Meine ältere Schwester als die Größte von uns bestimmte das folgende Spiel. Jeder sollte sich einen Partner aussuchen. Dann sollten wir paarweise den Hügel hinuntersausen, während die anderen warten mussten, bis sie an der Reihe waren. Natürlich war ich die Bevorzugte für Peters Rodelbrett - so hieß mein kleiner Freund. Dann sausten wir jauchzend zu zweit los. Da geschah es. Als er, das Brett unter dem Arm, neben mir den Hügel hinaufstapfte, fragte er mich: «Wollen wir zusammen heiraten?» Auch hier erinnere ich mich noch genau an das Gefühl, das mich bei seiner Frage erfasste. Es war eine warme Selbstverständlichkeit, die mir eine unglaubliche Sicherheit gab. Ich hatte zwar keine Ahnung, was das war - heiraten -, aber ich sagte im Brustton der Überzeugung: «Ja!» Als wir oben auf dem kleinen Hügel ankamen, waren wir also verlobt.

Am Nachmittag dieses Nikolaustages sollten sich alle Flüchtlingskinder im Gutshaus einfinden, weil eine Überraschung auf sie wartete, so hieß es. Als wir ankamen, war in der Halle und den anschließenden Fluren schon ein großes Gedränge. Der Lärm war ohrenbetäubend. Die

Gutsherrin hielt eine Rede, doch keiner verstand, was sie sagte. Dann sangen wir gemeinsam Weihnachtslieder: von den Engeln, dem Weihnachtsmann, dem neugeborenen Jesuskind, seiner Mutter Maria und natürlich auch vom Nikolaus.

Plötzlich ging am Ende des Ganges eine große, weiße Flügeltür auf, und wir sahen – wir konnten unseren Augen kaum trauen – auf einem riesigen schlohweißen Schimmel, der ununterbrochen mit den Hufen scharrte – den leibhaftigen Nikolaus. Er hatte einen langen, weißen Bart und einen rotgoldenen Bischofsstuhl auf dem Kopf. Sein gewaltiger purpurroter Umhang fiel zu beiden Seiten des Pferdes herab. Sein großer Jutesack war vor ihm auf dem Pferd postiert. Nun bewegte sich der Schimmel langsam vorwärts, und plötzlich war es mucksmäuschenstill. Alle Kinder starrten erschrocken auf den Nikolaus, der gemächlich in den großen Sack griff und rechts und links just dahin, wo die völlig erstarrten und verdatterten Kinder standen, Bonbons, Nüsse und kleine Päckchen streute. «Klick, klick» machte es. Der Reiter und sein Schimmel kamen immer näher, und dann ritt er ganz, ganz nah an Peter und mir vorbei. Wenn man an den Größenunterschied eines kleinen Kindes zu einem ausgewachsenen Pferd denkt, kann man verstehen, wie ängstlich die Kinder hinaus zu den Türen und zu ihren sie schützenden Müttern liefen. Allerdings vergaßen sie nicht, sich vorher noch nach den Süßigkeiten zu bücken und diese hastig einzusammeln, eben so viel, wie sie greifen und tragen konnten.

Nur Peter und ich verharrten mutig auf unseren Plätzen. Hand in Hand das ganze Schauspiel genießend. Wir waren zu zweit – «gegen den Rest der Welt» und mit dem Nikolaus.

Wolf-Dieter Stubel
Ein nicht ganz normales Weihnachtsfest

Es war mal wieder Weihnachten. Die Hektik der Adventszeit klang noch in uns nach. Wie oft hatten wir in den Sendungen von friedlicher, besinnlicher und ruhiger Zeit gesprochen, doch wenn wir ehrlich waren, war der Stress in der Weihnachtszeit auch für uns besonders hoch.

Wie überall, so wurde auch in den Funkhäusern zwischen den Festtagen nicht gearbeitet; das galt natürlich nicht für die Moderatoren und Techniker und für alle die, die für den Sendebetrieb zuständig waren. So gab es jedes Mal in den Tagen vor Weihnachten reichlich zu tun. Programme mussten im Voraus erstellt werden, möglichst schon bis zur ersten Januarwoche, außerdem gab es Sondersendungen, also, doppelte Arbeit in dieser ohnehin turbulenten Zeit. Natürlich war Weihnachten jedes Jahr, und der Termin steht bekanntlich schon lange fest, doch von Mal zu Mal waren andere Kriterien, Sendeabläufe, Sendezeiten usw. zu berücksichtigen, also konzentrierte sich alles auf den Dezember.

Plötzlich war alles vorbei, es war Heiligabend. Die Sache mit den Geschenken hatte ich lange vor mich hingeschoben und erst in den letzten Tagen erledigt, es fehlte nur noch der Baum.

Wir hatten lange geschlafen und ausgiebig gefrühstückt, jetzt sollte es an das Baumkaufen gehen. Ich weiß, andere hatten ihr Bäumchen schon seit Tagen liebevoll geschmückt, während ich mich bereits mit Rock- und Popmusik für die erste Januarwoche beschäftigte und

Tanzsendungen für die Silvester- und Neujahrsparty zusammenstellte. Also, weihnachtliche Gefühle: Fehlanzeige. Doch nun war Heiligabend. Die Familie drängte mich, nun endlich den Baum zu kaufen, wir stiegen ins Auto und fuhren los. Der Himmel war verhangen, es regnete und war wieder einmal für die Jahreszeit viel zu warm. Auf den Feldern hatte die Wintersaat schon ausgetrieben, auf einigen Weiden grasten sogar noch Kühe, wie sollten da weihnachtliche Gefühle aufkommen?

Die Preise für die Bäume waren wieder unverhältnismäßig hoch, die Händler boten krumme und schiefe Tannen an, «wie gewachsen». Natürlich waren die schönsten Exemplare schon lange verkauft. Frau und Tochter blickten mich etwas vorwurfsvoll an. Also gut, zum nächsten Händler. Es kam, wie es kommen musste, die Einkaufszeit war vorbei, und wir waren ohne Weihnachtbaum.

Wir fuhren noch ein Stück durch die graue Landschaft, dann kam ich auf die Idee, die Eltern meiner Frau zu überraschen. Alle waren sofort begeistert, also ging es auf die Autobahn, und wir fuhren gen Süden. Natürlich hatten wir keine Geschenke, es war ja ursprünglich alles ganz anders geplant, weil ich am nächsten Tag wieder Dienst hatte.

Als wir den Vorharz erreicht hatten, fing es leicht an zu schneien, und es dauerte nicht lange, da war alles weiß. Heiligabend im Schnee, das hatten wir uns alle gewünscht.

Es war niemand zu Hause, wir wussten, dass die Familie zur Christmesse war, also stellten wir das Auto ab und stapften durch den inzwischen tiefen Schnee. Wir erreichten das kleine Kirchlein gerade, als die Messe zu Ende war. Mama und Papa, Schwester und Schwager glaubten ihren Augen nicht zu trauen, es flossen auf allen Seiten Freudentränen.

Und so feierten wir mit der ganzen großen Familie einen wunderschönen Heiligabend. Spät in der Nacht ging es dann wieder zurück, es war ein Weihnachtserlebnis, das inzwischen mehr als dreißig Jahre zurückliegt, und doch wird es so oft in der Familie erwähnt, als sei es gestern gewesen.

Inhalt

Die in diesem Band enthaltenen Geschichten wurden den WEIHNACHTSGESCHICHTEN AM KAMIN, Band 1-20, entnommen (erschienen 1986 bis 2005 im Rowohlt Taschenbuch Verlag).